VINGT ANS

DANS

L'INDE

PAR

M. J. BAULEZ

Missionnaire Apostolique

PARIS
CHALLAMEL AINÉ
5, rue Jacob, 5

MARSEILLE
MADEMOISELLE BRIVE
2, rue Moustier, 2

1886

VINGT ANS

DANS

L'INDE

PAR

M. J. BAULEZ

Missionnaire Apostolique

PARIS
CHALLAMEL AINÉ
5, rue Jacob, 5

MARSEILLE
MADEMOISELLE BRIVE
2, rue Moustier, 2

1886

A

MA SŒUR BIEN-AIMÉE

SŒUR STÉPHANIE

FILLE DE LA CHARITÉ

Imprimerie Marseillaise, rue Sainte, 39.

APPROBATION

DE

S. G. MONSEIGNEUR J. GANDY

Coadjuteur du Vicaire Apostolique

DE PONDICHÉRY

Pondichéry, 14 février 1886.

BIEN CHER PÈRE BAULEZ,

J'ai lu avec le plus grand plaisir votre manuscrit intitulé : VINGT ANS DANS L'INDE. *Ecrit avec beaucoup d'esprit, il renferme des portraits à la fois très intéressants et très ressemblants d'un assez bon nombre de nos missionnaires : les uns types de piété et de règle, les autres types d'amabilité, en même temps que de zèle et de devoir. Cet ouvrage sera certainement lu avec intérêt, surtout par les missionnaires des Missions-Etrangères.*

Il est inutile d'ajouter qu'il ne contient rien de contraire ni à la doctrine catholique ni aux bonnes mœurs.

Je suis avec un attachement bien sincère,
Votre tout dévoué en N.-S.

† J. GANDY.
Evêque-Coadjuteur.

CHÈRE SŒUR,

Dans ses vieux jours, ton frère s'est mis à *broder*. Le *canevas* n'est ni beau, ni riche, car c'est moi-même, et ce canevas, tu sais ce qu'en vaut l'aune.

Pendant vingt ans, j'ai rencontré sur mon chemin de la laine et des perles. La laine est vulgaire, mais c'est la vie commune des missionnaires, et, quoique les couleurs soient peut-être mal assorties, j'ai réuni les plus curieux échantillons pour amuser ma petite sœur. Les perles sont les vertus de mes confrères: j'ai tâché de les enchâsser de mon mieux sur le grossier canevas de mes vingt ans dans l'Inde. — Enfiler des perles à mon âge ! Pourquoi pas ? tu passes bien ta vie à enfiler des bonnes œuvres !

Si ces pages n'étaient pas destinées à une *Fille de la Charité*, j'aurais honte de montrer ma chétive personne. Mon intention était d'abord de réunir de simples croquis, ce qui m'eût permis d'éviter le détestable *moi*. Mais comment parler de *tout*, excepté de ce que tu désires particulièrement connaître ? Tu ne m'aurais jamais pardonné d'avoir décrit la vie du missionnaire dans l'Inde sans dire un mot de *ton* Indien. J'ai donc fait mon histoire pour te plaire, et j'y ai brodé celle de mes frères pour t'édifier.

Faut-il m'excuser de mon verbiage et de mon style décousu ? La même raison me fera, j'espère, pardonner ces deux défauts. Depuis vingt ans je baragouine dans une langue que je soupçonne les dentistes d'avoir inventée : cela donne envie de parler Français, va ! Mais aussi c'est chez les *Barbares*, ma sœur, que l'on apprend les barbarismes, et je crois bien que les vaches espagnoles ne sont coupables, au fond, que d'avoir étudié le Tamoul en y joignant l'Anglais.

Vellore, 25 *mars* 1886.

INTRODUCTION

La Société des Missions-Etrangères a dans l'Inde trois vicariats apostoliques : Pondichéry, Maïssour et Coïmbatour. La Mission de Pondichéry a une population catholique de 203,000 âmes, dont 31,676 sur le territoire français et 171,720 sur le territoire anglais. Le Vicariat de Maïssour possède 29,728 catholiques, et celui de Coïmbatour 24,000.

La population catholique du Vicariat de Pondichéry n'était que de 142,000 en 1875 ; aujourd'hui elle est de 203,000. Cette augmentation est due aux nombreux baptêmes conférés pendant la terrible famine de 1877-1878. Le Grand et le Petit Séminaires sont réservés aux indigènes : les élèves ecclésiastiques sont, en ce moment, au nombre de 52, et les autres au nombre de 500. Il y a dans le Vicariat 72 missionnaires et 30 prêtres indigènes, desservant 182 églises et 289 chapelles. Le Vicaire Apostolique, Mgr F. Laouënan, est dans l'Inde depuis 1846, et il dirige la Mission depuis 1868. En 1883, Sa Grandeur demanda au Souverain Pontife de lui donner un coadjuteur, et Mgr J. Gandy fut élu le 16 mars et sacré le 9 septembre de la même année.

La Mission a établi à Mandjacoupam un collège, aujourd'hui affilié à l'Université de Madras. Cet établissement compte 320 élèves, dont 102 pensionnaires; il y a en outre, dans le voisinage, une école préparatoire fréquentée par 246 élèves.

Chaque district possède une ou plusieurs écoles où l'on enseigne le Tamoul et l'Anglais. Les Religieuses indigènes du Saint-Cœur de Marie, de Notre-Dame de Bon-Secours et de Saint-Louis de Gonzague donnent l'éducation aux jeunes filles. Les Sœurs de Saint-Joseph de Cluny ont à Karikal un orphelinat et une grande école fréquentés par 500 enfants.

Les missionnaires et les chrétiens jouissent dans l'Inde d'une très grande liberté. Le gouvernement anglais n'a pas encore entrepris de réglementer les âmes par des lois, décrets, articles.... organiques ou non : chacun peut suivre la religion qu'il lui plaît, croire ou nier, prêcher ou se taire. Cette neutralité de l'Etat est peut-être excessive, mais un gouvernement indifférent en matière de religion est encore préférable à ces persécuteurs brodés, chamarrés, emplumés et panachés, qui déshonorent la vieille Europe en se déclarant eux-mêmes « honorables. »

Malgré cette liberté à peu près illimitée, le ministère apostolique est fort difficile au milieu de ce peuple livré depuis des siècles au paganisme le plus avilissant. La théodicée hindoue — si l'on peut donner ce nom aux fables ridicules des *védas* et des *pouranas* — fait des Indiens un peuple d'enfants — enfants *gâtés*, dans toute la force du terme — sans énergie, sans patriotisme, et ne voyant guère dans la vie qu'une misérable hôtellerie où les grands hommes sont ceux qui ont de quoi se rassasier. Aussi, quand le prêtre catholique parle de Dieu, de la vertu, du ciel, l'Indien demande d'abord quelle quantité de riz tout cela rapporte ; avant de sauver son âme, il pense à apaiser sa faim, et quand on lui demande son cœur, il montre piteusement son ventre. Ce n'est pas que l'Indien soit gourmand, mais il est pauvre et il a faim ; peu lui suffit, mais ce peu lui manque souvent. Quand on arrive dans ce pays, si riche dans les livres, si misérable en réalité, on est scandalisé de voir tant de mains se tendre pour demander « quelque chose. » Le missionnaire rêvait de sauver des âmes, et il lui en coûte de commencer par les estomacs. Mais quand il a vu de près la misère et les souffrances de ces hommes qu'il aime plus que lui-même, son zèle d'apôtre se change en une immense pitié de père ; il comprend qu'avant de guérir l'âme malade, il faut s'occuper du corps exténué. Comme un *sauveteur* qui frictionne et restaure le noyé avant de le reconduire à la maison paternelle, il tend lui-même la main et demande la charité pour ces naufragés de la vie qu'il veut emmener chez « notre Père qui est aux cieux. » Le missionnaire est nécessairement *mendiant*, parce qu'il est nécessairement charitable ; il demande pour donner, et il donne du pain — ou du riz — pour *faire accepter* le bonheur éternel. Dans l'Inde, plus peut-être que partout ailleurs — parce que l'Inde est peut-être le pays le plus pauvre du monde,— le « petit sou » de la charité chrétienne est souvent le premier *outil* de l'*ouvrier* apostolique. Sans doute, ces conversions préparées par quelques poignées de riz ne donnent pas au missionnaire toute la satisfaction qu'il pourrait attendre de ses sacrifices ; mais ce que les pères ne lui donnent pas, il le trouve ordinairement dans les enfants de ceux qu'il baptise. Les adultes qui deviennent chrétiens sont comme ces pauvres ouvriers qui, sans sortir de leur misérable taudis, donnent au monde civilisé ces beaux cachemires, ces splendides tapis, ces admirables dentelles qui font la richesse du pays sans enrichir ceux qui les tissent. D'ailleurs, après avoir reçu l'aumône matérielle, le pauvre Indien est plus à même de comprendre le bien que l'on veut faire à son âme. Une fois la faim du corps apaisée, l'âme écoute plus volontiers les paroles de la vie éternelle, et il n'est pas de missionnaire qui n'ait senti ses yeux se mouiller de larmes en voyant ce qu'un morceau de pain peut produire dans les âmes.

Visitée « à fond de train, » l'Inde offre au voyageur un ensemble qui ne manque pas de grandeur : c'est un panorama immense dont les scènes diverses produisent les effets piquants d'un gigantesque kaléidoscope. Mais pour connaître un pays, il ne suffit pas de le visiter en train *express*, ni d'en raser les côtes en bateau à vapeur. Le galop est une mauvaise allure pour dessiner, et Mercure, dit-on, fut toujours un pauvre philosophe. Les Européens qui *visitent* l'Inde se contentent le plus souvent des effets d'optique. Ils passent quelques heures dans une ville, font une promenade en voiture dans les environs, reprennent le train ou le *steamer* pour aller ailleurs, vont dormir dans le meilleur hôtel, se remettent en route, s'arrêtent, repartent, glissant de temps en temps une note dans leur carnet ou un croquis dans leur album, et, rentrés chez eux, ils font un livre sur ce qu'ils ont vu — ou auraient pu voir — jugeant les hommes et les choses, proposant des réformes, parlant de leur expérience et confondant *steeple chase* avec philosophie.

Mais quand on vit au milieu de ce peuple étonnant, c'est sa misère surtout qui touche — misère morale et misère matérielle. Le Paganisme est un chancre que les feuilles de cocotier ne parviennent pas à cacher, ni les bayadères à guérir. Cette vieille civilisation n'est en réalité qu'une tumeur séculaire et invétérée. Jésus-Christ seul peut guérir cette plaie immense ; mais ce peuple repousse Jésus-Christ, et voilà pourquoi il n'a jamais connu la liberté que Dieu donne à ceux qui le reconnaissent pour Père. Le démon ne sait faire que des esclaves. A ceux qui le servent, il donne la licence; la vraie liberté, jamais. Un peuple idolâtre est fatalement un peuple d'ilotes : tant qu'il refuse de servir Dieu, il est condamné à servir l'homme. Le pauvre chrétien, esclave de l'homme, est au-dessus de son maître, esclave du démon.

Un mot seulement des autres Missions de la Présidence de Madras.

Le Vicariat apostolique de **Madras** a une population catholique de 57.000 âmes, dont 9.000 dépendent de l'archevêque de Goa. Les Religieuses de la Présentation, du Bon-Pasteur, du Saint-Cœur de Marie, de Saint-Louis de Gonzague, de Sainte-Anne, ainsi que les Frères de Saint-Patrick dirigent des écoles et des orphelinats sur divers points du Vicariat. Le Vicaire Apostolique est Mgr J. Colgan. La Mission possède 42 églises et 91 chapelles, administrées par 40 prêtres.

Mission du **Maduré**, confiée à la Compagnie de Jésus. Vicaire Apostolique, Mgr Canoz, sacré en 1847. 176,200 catholiques, dont 24,500 soumis à l'archevêque de Goa. 66 prêtres desservent 66 églises et 561 chapelles. Le collège de Trichnapaly est un des mieux tenus de la Présidence.

Hydrabad, 10,000 catholiques. Vicaire Apostolique, Mgr P. Caprotti, sacré le 29 juin 1882.

Vizagapatam, 13,287 catholiques. Vicaire Apostolique, Mgr J.-M. Tissot, sacré le 3 avril 1864. 30 prêtres.

Quilon, 83,000 catholiques. Vicaire Apostolique, Mgr Ildephonse, sacré le 20 août 1871. 23 missionnaires européens et 14 indigènes.

Verapoly. Catholiques du rite latin, 90,600 ; du rite syriaque, 190,000. Vicaire Apostolique, Mgr Léonard Mellano ; coadjuteur, Mgr Marcellino. 40 prêtres du rite latin et 342 du rite syriaque.

Mangalore, 76,000 catholiques, dont 25,000 soumis à la juridiction de l'archevêque de Goa. Cette Mission a été confiée à la Compagnie de Jésus en 1878. Vicaire Apostolique, Mgr N. Pagani.

VINGT ANS DANS L'INDE

I

DÉPART DE PARIS. — MARSEILLE. — ADIEU A LA FRANCE. — MESSINE, ALEXANDRIE, LE CAIRE, SUEZ. — LA MER ROUGE, ADEN. — CEYLAN, SÉPARATION. — PONDICHÉRY. — MUSIQUE INDIENNE. — LE TAMOUL.

Le 14 février 1866, nous partîmes de Paris, neuf missionnaires. J'étais envoyé, avec le P. L. Simonet, dans la Mission de Pondichéry. Nous arrivâmes à Marseille le lendemain vers trois heures après midi. Mes confrères allèrent chez les Frères Germain, et je me rendis dans ma famille. J'avais quitté Marseille le 19 août 1864. Quelle joie de revoir ma famille et les amis de mon enfance ! Mais cette joie ne devait pas être de longue durée, car nous n'avions que trois jours à passer à Marseille.

Le curé de Saint-Victor, M. Payan, m'invita à chanter la messe le dimanche. Les autres missionnaires y assistèrent, ainsi qu'aux vêpres. Après la bénédition du T.-S. Sacrement, on chanta le

« chant du départ des Missionnaires. » Mon cœur était brisé d'émotion sous ces voûtes vénérées qui m'avaient abrité enfant et que j'allais quitter pour un pays inconnu.

Le lendemain, nous allâmes dire la sainte messe à Notre-Dame de la Garde, et à deux heures nous nous embarquâmes sur le *Saïd*. M. Payan et un grand nombre de parents et d'amis m'accompagnèrent à bord. Les enfants du petit séminaire et de la maîtrise de Saint-Victor attendaient à l'extrémité de la Jetée, où les personnes venues à bord allèrent les rejoindre dès que la cloche annonça le départ.

Au « lâchez tout » du capitaine, le navire s'ébranla, et, pendant qu'il traversait le port, on chanta le « chant du départ des Missionnaires. » Quand il arriva devant le phare, une voix émue entonna l'*Ave maris Stella*. C'était le vieux curé qui confiait à Marie l'enfant qu'il avait donné à Dieu. Aussitôt le P. Furet, missionnaire du Japon qui partait avec nous, nous fit placer à l'arrière du navire, et tous ensemble, nous donnâmes une dernière bénédiction.

Pendant quelques minutes le chant de l'*Ave maris Stella* continua de nous arriver. Mais bientôt le phare même disparut à nos regards et nous nous tournâmes vers la statue de Notre-Dame de la Garde. Ce fut comme un éclair ; la belle statue de la Bonne-Mère disparut à son tour, et, disant un dernier adieu à la terre de France, nous descendîmes dans nos cabines.

— —

Nous touchâmes à Messine en pleine nuit. Des Italiens arrivèrent dans des barques, apportant des oranges et des cigares. Pendant qu'ils vantaient leur marchandise, dans un jargon moitié italien, moitié français, un petit mousse jetait sur eux de l'eau de mer qu'il allait puiser dans un seau à l'arrière du navire.

« Buoni Francesi, oh! oui, buoni Francesi! » criaient les pauvres Italiens.

Un missionnaire dit au mousse : « Pourquoi fais-tu du mal à ces pauvres gens?

— « Tiens! — dit le gamin — je suis de quart, faut ben qu' j' m'amuse. »

A Alexandrie, nous prîmes le chemin de fer. Une nuée de petits Arabes couraient autour de la locomotive comme si ce n'eût été qu'un pauvre omnibus. Quand le train s'ébranla, toute la troupe prit le large en piaillant.

A huit heures du soir, nous arrivâmes au Caire et un guide nous conduisit à l'hôtel.

Le lendemain matin, vers huit heures, nous reprîmes le train; à midi nous arrivâmes à Suez, et dans la soirée nous nous embarquâmes sur un nouveau navire.

Dans la mer rouge la chaleur devint très forte et les passagers commencèrent à parler du beau climat de la France. Dix jours auparavant nous nous serrions autour d'un poêle chauffé à blanc, et maintenant nous ne savions où nous mettre pour trouver un peu d'air. Nous commençames dès lors à entrevoir la possibilité d'être martyrs tout en gardant notre tête sur nos épaules. Hélas! nous devions nous assurer bientôt que dans l'Inde il suffit de vivre pour être martyr.

A Aden, nous descendîmes à terre et, montés sur de pauvres bourriquets, nous allâmes visiter la ville, éloignée d'une bonne lieue du rivage.

Aden! voilà un pays qu'il est impossible d'oublier. Un pays? C'est un gouffre que je devrais dire. Un gouffre noir, brûlé, rongé, effrayant ; une lèpre de terre. Est-ce un monstre que l'Océan a vomi de ses abîmes, ou un astre éteint qui est venu tomber là, au milieu des flots argentés? Et ces hommes noirs, aux cheveux crépus, à la figure hideuse, qui rampent pour un sou et plongent au fond de la mer pour gagner de quoi boire un peu d'eau de vie! Des troupes d'enfants nagent autour des navires, et quand on jette à la mer une pièce de monnaie, tous disparaissent, se précipitant les uns sur les autres, se bousculant, se battant, se prenant aux cheveux au fond de l'abîme. C'est un spectacle vraiment horrible que celui de ces corps noirs se tortillant sous les vagues, au risque d'être dévorés par les requins, ces sauvages de la mer.

Ayant enfourché mon coursier, je partis comme un trait, précédé et suivi par mes confrères et quelques autres passagers. Quand la pauvre bête ralentissait tant soit peu son allure, le négrillon qui nous suivait lui administrait un terrible coup de trique, et la course reprenait plus furieuse que jamais.

Nous longeâmes quelque temps le bord de la

mer, puis, tournant à droite, nous passâmes entre deux immenses pics et nous aperçumes bientôt la ville. Le bourriquet connaissait bien les Européens, car il alla droit à une petite guinguette et s'arrêta net à la porte, ayant l'air de dire : Vous voilà chez vous.

Personne ne fut fâché de pouvoir se rafraîchir après cette course en plein soleil. Si toutefois l'on peut appeler rafraîchissement un verre de limonade qui paraissait sortir des entrailles de la machine de notre navire.

Après nous être reposés quelques instants, nous nous remîmes en selle pour aller visiter les Citernes. On appelle ainsi d'immenses réservoirs destinés à recevoir l'eau de pluie. On a construit de grandes murailles joignant la base de plusieurs montagnes. Quand il pleut — ce qui arrive, dit-on, tous les trois ans — l'eau se trouve encaissée dans ces jattes gigantesques, et c'est là que les habitants d'Aden vont faire leur provision.

On voit des Arabes suivant chacun un âne chargé d'une outre. Ils descendent au fond du ravin, emplissent les outres et remontent tout doucement. C'est un spectacle curieux de voir ces malheureux à l'air mélancolique derrière leurs bourriquets, non moins tristes que leurs conducteurs.

Tout ce *monde*, ânes et gens, marche comme mu par un ressort détendu et détrempé. Pas un cri, pas un chant : un silence de mort règne au milieu de ces montagnes nues, où il serait impossible de trouver un brin d'herbe. Je pensais à nos paysans de France, si gais au milieu des plus rudes travaux ; à nos ouvriers chantant sur leurs échafaudages, dans leurs usines; aux jeunes filles de la Provence faisant la cueillette des olives et des amandes avec des éclats de rire d'écolières en vacances. A Aden, point de gaîté, pas même un signe de reconnaissance entre ces hommes dont la vie se passe à suivre des animaux moins méprisés que leurs guides, parce qu'ils coûtent plus cher.

Nous mîmes huit jours d'Aden à Pointe de Galle. Le moment de la séparation était arrivé ; il allait falloir nous quitter pour toujours. En nous éloignant de la France, nous étions restés unis, et cette amitié fraternelle s'était augmentée de toutes les autres amitiés dont nous avions fait le sacrifice. Mais à Ceylan ce dernier lien allait se rompre. Six d'entre nous continueraient leur voyage sur la route de la Chine, et trois seulement prendraient le navire qui fait le service de Pondichéry, Madras et Calcutta.

A mesure que la moment du dernier adieu approchait, je sentais mon cœur se serrer et, chose étrange, il me semblait que la France m'avait suivi et qu'à Ceylan seulement elle allait disparaître.

Voici quelques strophes composées à bord, en vue de l'île de Ceylan, par un de mes confrères, aujourd'hui vicaire apostolique du Japon méridional :

Au devant de notre navire,
Un rivage semble accourir,
Mais la brise, au lieu d'un sourire,
Ne nous apporte qu'un soupir.
  Déjà, bien-aimé frère,
  Tout me dit qu'en ce lieu,
Pour ne plus nous revoir sur terre,
  Il faut nous dire adieu !

  Adieu, bien-aimé frère !
  Partout où Dieu voudra
  Mon âme te suivra
  Souvent de sa prière,
    De ses amours
      Toujours.

De si loin, la vague tranquille
Ensemble nous apporte ici :
Pourquoi donc au flanc de cette île
Venir nous séparer ainsi ?
  La mer est encor belle,
  Le ciel est toujours bleu,
Notre amitié toujours nouvelle ;
Pourquoi nous dire adieu ?

Adieu, etc.

Mais pardon, mon Dieu, je m'égare
C'est votre main qui nous conduit
Et votre main qui nous sépare.
Je sais que, réunis en Lui,
Deux cœurs peuvent s'entendre
En tout temps, en tout lieu,
Toujours s'aimer et se comprendre.
  Adieu donc, frère, adieu !

Adieu, etc.

. . . .

Parfois aussi dans ta prière
Mon nom ne reviendra-t-il pas?
Pour parler à Dieu de ton frère,
De lui tu te ressouviendras,
Jusqu'à l'heure suprême
Où, dans le sein de Dieu,
Chacun retrouve ceux qu'il aime
Et ne craint plus l'adieu.
Adieu, etc.

En arrivant à Ceylan, nous nous rendîmes tous ensemble chez le bon Père Miliani, missionnaire italien. Il nous reçut avec une cordialité vraiment touchante. Se trouvant, pour ainsi dire, à l'entrée des Missions d'Orient, il voyait bien des missionnaires s'arrêter chez lui ; mais il était pour tous d'une amabilité parfaite, et son nom était connu, de l'Inde au Japon, par toute une génération d'apôtres.

Nous allâmes faire une longue promenade le long de la côte, à l'ombre des cocotiers gigantesques qui, pressés les uns contre les autres, forment un dôme de verture agité doucement par la brise de mer. Cette île est vraiment d'une richesse de végétation étonnante, et l'on ne saurait imaginer rien de plus poétiquement grandiose que le spectacle de la mer dentelée par le feuillage des plus beaux arbres du monde, dont le balancement continuel donne au regard des dessins toujours nouveaux.

Tout à coup un coup de canon retentit. C'était l'*Erymante* qui appelait ses passagers. Nous revînmes en toute hâte au presbytère du Père Miliani, et il fut décidé que les missionnaires « de Chine » accompagneraient leurs frères indiens jusqu'au navire qui allait les emporter.

Tous les passagers étaient déjà arrivés et installés quand nous montâmes sur le pont de l'*Erymante*. Le commandant nous dit : Messieurs, vous êtes en retard ; nous partons dans dix minutes. — Oh ! ces dix minutes de ma vie, quel souvenir elles ont laissé dans mon cœur ! Nous nous embrassions en essayant de sourire ; nous nous promettions de ne jamais nous oublier, de prier les uns pour les autres, d'être toujours frères. Toutes nos mains se confondaient, se serraient tendrement. Mais l'ancre dérapée montait en gémissant ; le Père Furet dit : Allons ! un dernier embrassement..... et de neuf frères nous n'étions plus que trois.

Nos confrères étaient sur leur navire quand le nôtre se mit en mouvement. Nous les vîmes une dernière fois groupés le long du bastingage, nous faisant les signes d'adieu. Puis ce fut fini. Je me précipitai dans notre cabine et — pourquoi ne l'avouerais-je pas ? — je pleurai, comme je n'avais jamais pleuré dans ma vie, comme je n'ai jamais pleuré depuis.

La traversée de Ceylan à Pondichéry est d'un peu plus de deux jours. Le samedi, 17 février, j'étais à dire les vêpres de la Passion. Juste au moment où je commençai la strophe de l'hymne de ce jour : *O Crux, ave, spes unica !* un coup de canon tiré à quelques pas derrière moi me fit bondir. Je levai la tête et je m'aperçus alors seulement que nous étions en rade de Pondichéry. Je n'ai jamais oublié cette coïncidence, et bien des fois depuis ce jour, j'ai pensé à ce coup de canon qui m'annonçait que le moment était venu de monter sur la grande croix indienne.

Comme je l'ai dit, nous étions trois missionnaires à bord. Le P. Blanchard, destiné à la mission de Coïmbatore, devait passer un mois à Pondichéry et reprendre le navire le mois suivant pour aller à Madras, et de là dans sa Mission. Le P. Simonet et moi devions rester à Pondichéry.

Aussitôt que le canon eut annoncé notre arrivée, une flotille d'affreuses barques se dirigea vers l'*Erymante*. Un instant après, nous aperçumes sur la plage deux formes blanches, terminées par un bonnet rouge et surmontées chacune d'un grand parasol.

— « Tiens ! s'écria le P. Blanchard, c'est le grand Max ! »

C'était, en effet, le P. Maximin Seegmuller, surnommé « le grand Max » à cause de sa taille vraiment gigantesque. Le P. Blanchard l'avait connu au séminaire des Missions-Étrangères, et malgré l'immense barbe qu'il n'avait pas connue, il n'hésita pas un instant à crier : C'est le grand Max !

L'autre missionnaire était le P. Verdier. Il avait en carrure ce qui lui manquait en hauteur, et ces deux hommes étaient vraiment de beaux échantillons de la Mission.

Comme notre navire se trouvait à environ deux milles du rivage, il fallut une bonne demi-heure à nos confrères pour parcourir cette distance dans leur embarcation dégingandée. Ils abordèrent enfin et nous nous embrassâmes comme des frères qui se retrouvent après une longue séparation.

Nos bagages placés, ou plutôt précipités dans le bateau, nous y descendîmes nous-mêmes, et l'équipage se mit à ramer en hurlant. Ce transbordement est vraiment un des plus étonnants spectacles qu'il soit possible de voir. Le bateau, mal formé et *cousu* je ne sais comment, est monté par une dizaine d'hommes à peu près noirs et à peu près nus, qui rament en criant comme des hyènes à jeun depuis l'avant-veille. Les passagers sont assis sur une planche branlante et obligés de se cramponner de toute leur force pour ne pas rouler au fond.

Quand l'embarcation arrive dans la *barre*, amas de sable qui, arrêtant l'élan des vagues, les rend furieuses même dans les temps calmes, les rames sont abandonnées. Aussitôt les rameurs se jettent à l'eau pour pousser la barque qui semble prête à s'entr'ouvrir. On avance, on recule, on monte, on descend, on tourne comme un vieux sabot mal équilibré ; la mer embarque à l'avant, à l'arrière, à bâbord, à tribord ; les malles roulent entre les jambes des passagers : heureux quand ceux-ci ne suivent pas leurs malles !

Enfin la *barre* est passée ; la barque s'abat sur le sable, une mauvaise chaise arrive portée par deux hommes : les voyageurs s'y placent, s'y jettent ou y tombent l'un après l'autre, selon leur plus ou moins d'agilité, et quand tout le monde a été déposé sur le rivage, les malles, caisses et paquets sont enlevés à leur tour et jetés pêle-mêle sur le sable.

A la Mission, nous fûmes reçus par le P. Gouyon. Ce vénérable missionnaire était dens l'Inde depuis 1844. C'était, au moral comme au physique, un de ces types qu'il est impossible d'oublier. Sa figure entourée d'une longue barbe grise faisait penser à ces têtes d'anges que les peintres représentent flottant au milieu d'un nuage. Il était procureur pour la seconde fois, et il aimait à dire qu'il était procureur *renommé*. Il était renommé en effet, car on le connaissait partout, et partout on l'aimait. Chargé pendant plusieurs années de la mission de Salem, il y était devenu célèbre sous le nom de *Maguiménâder*, le Père la Gloire! Dans son immense district on le regardait comme le roi des missionnaires, et je crois bien que si le Pape était allé à Salem, on l'y aurait reçu comme le *tamby* (frère cadet) du P. Gouyon.

Dans sa jeunesse, le P. *Maguiménâder* était, dit-on, d'un caractère vif et brusque ; mais il était devenu doux comme un agneau, paraissant ignorer qu'il y eût sur la terre du mal et des méchants. Plus on arrivait mal à propos, mieux on était reçu à la Procure. Courbé sur son bureau, de grandes lunettes sur le nez, le nez noyé dans la barbe, la barbe entassée entre les feuillets d'un immense registre, dès qu'un visiteur se présentait, il était prêt à le recevoir comme s'il l'eût attendu. Il recevait les commissions, les reproches, les plaintes, les compliments avec la même affabilité, trouvant toujours moyen de glisser une petite histoire de Salem. On ne le voyait jamais s'agiter sur sa chaise, essuyer ses lunettes, regarder son grand livre de cet air qui dit, mieux que les mots : Ah ! si vous partiez ! Cet homme avait dû broyer son cœur pour en venir là. Tout le monde s'agitait autour de lui ; on lui demandait cent objets à la fois, on le chargeait de mille commissions, il recevait chaque jour des lettres de tous les coins de l'Inde ; il avait sur les bras des maçons, des charpentiers, des peintres, des cordonniers, et il était toujours gai, toujours prêt à servir tout le monde, toujours disposé à interrompre son propre travail pour faire celui des autres.

Ce bon Père couchait sur un vieux banc rotiné. Il y dormait à merveille, malgré la malice des moustiques et la cruauté d'autres insectes non ailés qui vivaient de leurs rentes dans ce meuble délabré. A quatre heures du matin, le P. Gouyon était sur pied ; il sonnait la cloche de la Mission, allait essayer de réveiller le Provicaire et commençait sa rude journée.

C'est sur ce pauvre banc qu'est tombé le vaillant athlète. Un soir, après une brûlante journée d'un travail sans relâche, il quitta son bureau et se coucha sur son banc. On le vit là pantelant, ayant perdu la parole, mais conservant toute son intelligence. On lui dit que c'était la fin ; il fit signe qu'il était prêt. Tous les confrères vinrent dire un dernier adieu à leur vieux père ; il reçut les derniers sacrements, et quelques heures après il expirait doucement au milieu de sa famille d'adoption. C'était le 30 juin 1880.

Le P. Gouyon nous conduisit aussitôt auprès de Mgr Godelle, le Vicaire Apostolique. Cet évêque au cœur d'or nous reçut avec une simplicité paternelle dont le souvenir m'est encore présent comme si cette scène se fût passée hier. Il était vêtu d'une soutane de toile blanche comme les autres missionnaires. La croix pastorale était le seul signe qui le distinguât de ses confrères, et il ne prenait la soutane violette que pour dire la messe et dans les grandes occasions. Il était pour tous d'une bonté admirable. Sa chambre était ouverte à quiconque avait à lui parler ; les mendiants avaient accès auprès de lui aussi facilement que le Gouverneur. Jamais une parole aigre, pas un mouvement d'impatience : il était bien véritablement le père de tous, et tous se regardaient comme ses enfants.

Nous allâmes ensuite visiter le vénérable P. Dupuis, Provicaire de la Mission, puis le P. Lehodet, chargé de la paroisse, et enfin tous les missionnaires du grand et du petit séminaires.

On nous donna pour logement une vieille chambre qui ne servait que pour les nouveaux. Quand nous y entrâmes, à neuf heures du soir, les chauves-souris se mirent à tournoyer, en grinçant comme des grincheuses expropriées. Nous trouvâmes trois ou quatre scorpions sur notre table et un joli myriapode dans la cuvette. Puis, dès que nous fûmes couchés, les moustiques accordèrent leurs instruments et saluèrent à grand orchestre les victimes qui étaient venues de si loin se faire saigner. Chose étrange ! les Indiens n'aiment guère les Européens, mais leurs cousins les adorent. Ce sang si chaud et si pur leur va à merveille, et quand un jeune missionnaire arrive à la Mission, les anciens peuvent dormir en paix.

Le matin, nous trouvâmes un serpent devant notre porte, et dès que le jour parut, une nuée de corbeaux s'abattit tout autour de nous, les rats palmistes commencèrent leur affreuse musique, les lézards descendirent le long des murs, les caméléons le long des arbres, et nous pûmes nous croire en plein jardin zoologique.

Je n'oublierai jamais l'impression que j'éprouvai en entrant dans l'église pour la première fois. C'était le dimanche de la Passion. Les trois nefs étaient pleines d'Indiens aux costumes les plus variés. Les hommes portaient des turbans tournés en vrille, les enfants avaient la tête couverte d'un bonnet de couleur voyante qui descendait jusqu'au dessous des oreilles ; les femmes, enveloppées dans de longs pagnes rouges, bleus, verts, jaunes, avaient également la tête couverte par cette toile. Tout ce monde était assis par terre, et chacun priait à haute voix sans s'occuper de ses voisins. Le catéchiste lisait les prières en criant de toutes ses forces; un artiste faisait des roulades pour son compte particulier; les religieuses faisaient leur lecture en petit comité. Les litanies, les motets, les cantiques se croisaient, se confondaient au milieu du bruissement de cent prières particulières. Puis, de temps en temps, une grande trompette faisait entendre un long glapissement. A ce signal, l'orchestre placé dans la cour de l'église éclatait comme un cyclone: les tambours mugissaient, les clarinettes lançaient des airs en zigzag, se tournant tantôt au nord, tantôt au sud, puis à l'est et à l'ouest, comme pour faire jouir la terre entière de leurs terribles accents; les cymbales se heurtaient avec fureur, les trompes, trompettes et clairons de toutes formes et de toutes longueurs, criaient, hurlaient, gémissaient, sifflaient, riaient, pleuraient : pas de mesure, pas de mélodie arrêtée; c'était un immense pot-pourri, un vacarme indescriptible, un charivari à rendre épileptique un rhinocéros. Et chaque fois qu'un prêtre arrivait à l'autel ou commençait les prières de la consécration, le typhon recommençait avec des accents toujours nouveaux, des mugissements toujours plus terribles.

J'étais atterré au milieu de ce vacarme, mes oreilles tintaient comme des bourdons, ma tête semblait prête à éclater, je me demandais si le caractère des Indiens ressemblait à leur musique, et j'avais peur.

Je chantai la messe à huit heures. Les élèves du séminaire entonnèrent le *Kyrie* de Dumont, et le calme rentra dans mon âme. Après l'évangile, le P. Lehodet prêcha en Tamoul. Quel jargon! je n'entendais que des *grrrr*, des *crrrr*, des *prrrr-dou*, des *trrrradou*, et il me semblait impossible de parvenir jamais à rouler ma langue de cette façon.

A l'élévation, la musique recommença, augmentée du ronflement du bourdon et de l'éclat de plusieurs canons. Quand je pense à cette première messe dans l'Inde, il me semble, après vingt ans, que j'ai assisté à un tremblement de terre.

Après la messe, nous allâmes au Collège colonial, qui se trouve dans la *ville blanche*. On appelle ainsi la partie de la ville où se trouve l'hôtel du gouvernement, les bureaux de l'administration, et, en général, la population européenne et créole. Le collège était alors sous la direction du P. Laoüenan, aujourd'hui Vicaire Apostolique. Il y avait sept missionnaires comme professeurs et quelques laïques pour les classes inférieures.

Pour la première fois, j'entendis chanter le P. Seegmuller — le grand Max. Il a une voix absolument sublime, mais à cette époque elle avait une fraîcheur et une plénitude qui en faisaient une merveille. Il était impossible d'entendre sans émotion ces notes si pures, sortant du milieu de cette belle barbe noire comme le jais, qui s'agitait, s'épanouissait, montait, descendait selon la mélodie qu'elle semblait accompagner. Aujourd'hui cet artiste est missionnaire de *Vettavalam*. Il vit au milieu de pauvres paysans à peu près sauvages, et, le dimanche, pendant la messe, deux affreuses clarinettes remplacent l'orgue qu'il aimait tant à faire chanter. Il paie lui-même les bourreaux qui le tourmentent, sacrifiant sa belle voix au goût des Indiens pour le vacarme, et soudoyant les misérables dont la vue seule fait frémir de dégoût quiconque a tant soit peu le sentiment musical.

Nous étions arrivés juste à temps pour être témoins des grandes cérémonies de la Semaine-Sainte. Les cérémonies liturgiques sont les mêmes qu'en Europe ; mais cela ne suffit pas aux Indiens : il leur faut des fêtes en plein air, avec lampions, fusées, et surtout beaucoup de tapage. D'ailleurs, dans l'église même ils trouvent moyen de faire en petit ce qu'ils font en dehors sur une plus grande échelle.

Dès le mercredi, des milliers de chrétiens arrivent des villages environnants, et plusieurs des parties les plus éloignées de la Mission. Ils s'installent autour de l'église, sous les arbres, le long des murs ou même en pleine rue.

Le Jeudi-Saint le T.-S. Sacrement demeure exposé toute la journée et toute la nuit jusqu'au vendredi. Les Indiens passent des heures entières à chanter, ou plutôt à crier des prières. Deux, trois, dix amateurs vocifèrent en même temps : c'est une harmonie effrayante.

Dans la soirée, trois ou quatre violons, deux ou trois guitares et une dizaine de petites cymbales ou castagnettes de cuivre se réunissent pour accompagner le chant. Ils l'accompagnent comme pourraient le faire une douzaine de lutteurs qui, se prenant aux cheveux, tireraient chacun vers un point différent, en criant à tue-tête : ah ! oh ! hi ! hé ! hou ! Les violons tâchent d'étouffer les guitares ; celles-ci râlent de fureur contre les violons ; les cymbales se battent les flancs de désespoir ; les chanteurs ont des accents étranglés qui font pitié. Voilà cependant la musique délicate des Indiens ! Ils sont tellement habitués aux mugissements terribles des tambours et des grosses caisses, que ces petites piailleries leur paraissent d'une suavité ravissante : c'est comme un coup de martinet sur une enclume accoutumée à recevoir des coups de marteau. L'Européen trouve cette cacophonie détestable, mais l'Indien a l'oreille blindée, et le bruit le plus formidable s'amortit sur son tympan comme une balle de plomb sur une cible d'acier.

Le Vendredi-Saint, dans la soirée, on prêche la Passion en plein air. Plusieurs milliers d'auditeurs sont assis par terre sur une grande place. Le prédicateur s'installe dans une chaire montée sur un cadre. Au commencement, le silence le plus parfait règne parmi cet immense auditoire ; mais bientôt les cris des enfants se mêlent à la voix du prêtre, les chrétiens se frappent la poitrine en exprimant tout haut leurs sentiments de componction ; le bruit monte, monte comme celui de la mer barattée par l'ouragan ; puis, à un moment donné, une grande toile s'abat et l'on aperçoit un immense crucifix. Alors tout le monde tombe à genoux ; les soupirs, les pleurs font un bruit sombre accompagné de coups secs sur ces milliers de poitrines ; le prédicateur élève la voix, des feux de Bengale sont allumés çà et là, les tambours commencent à ronfler, comme s'ils étaient impatients d'un si long silence, les trompettes cherchent l'embouchure, et le sermon s'achève au milieu d'un brouhaha inexprimable.

Aussitôt la procession s'organise. Les clarinettes entrent en scène avec des éclats déchirants, les tambours grondent, les fusées s'élancent dans toutes les directions, la nuit s'illumine du reflet bleuâtre des flammes de Bengale, la statue attachée à la croix est descendue lentement au milieu des sanglots de la foule ; les prêtres, les enfants de chœur se mettent en marche, accompagnant un brancard magnifiquement décoré, sur lequel repose la statue détachée de la croix, et cette procession parcourt les rues de la ville, précédée, suivie et accompagnée d'une foule immense de chrétiens et de païens.

Ce spectacle ne manque pas de grandeur — grandeur orientale.

Des deux côtés de la procession, des hommes portent sur leurs épaules nues des espèces d'échelles garnies de gros lampions ; d'autres allument sans cesse des fusées et les lancent dans l'air ; d'autres font brûler à l'extrémité d'un long bambou d'immenses flammes de Bengale de diverses couleurs. Les étincelles courent au-dessus des maisons et à travers les arbres ; les baguettes des fusées volantes s'abattent sur les toits voisins ou au milieu de la foule; les tambours tonnent en mesure, les clarinettes brodent des ritournelles de fantaisie, les trompettes lancent des tra tra tra à faire éclater le métal; la grosse caisse, montée sur une charette, suit la procession en mugissant, les choristes chantent des hymnes au milieu de ce fracas, et l'on rentre à l'église épuisé, couvert de poussière, la tête brisée par ce vacarme de trois heures.

Les Indiens vont ensuite se coucher dans la cour de l'église et dans les rues voisines. Tout ce monde s'installe à la belle étoile aussi paisiblement que si le sol était recouvert de matelas et de sommiers élastiques. Pendant une heure on entend des causeries çà et là, puis tout rentre dans le silence et l'on se croirait sur un champ de bataille abandonné.

Le dimanche de Pâques, à quatre heures du matin, la foule se réunit de nouveau sur la grande place pour entendre le sermon sur la Résurrection. Il y a ensuite une nouvelle procession, après laquelle on dit la messe en plein air.

Ces cérémonies ne ressemblent guère à celles que l'on voit en Europe, mais elles sont appropriées au goût des Indiens et au climat de leur pays. Une fête de jour n'a pour eux aucun charme. C'est la nuit seulement qu'ils goûtent les processions et autres cérémonies. Et, de fait, pendant le jour la chaleur est si acccablante, que même les indigènes sont peu disposés à parcourir les rues, qui ressemblent à des fours à chaux. En outre, l'Indien aime à la folie les fusées et autres pièces d'artifice ; or, comment faire de la pyrotechnie sous un soleil donnant une chaleur de de 80° ! Autant vaudrait allumer une chandelle pour éclairer un haut-fourneau. La nuit, au contraire, les pétards, les fusées, les feux de couleur produisent un effet magique sur ce peuple d'enfants, et quand les instruments mêlent leurs éclats à l'éclat de tous ces feux, la foule, transportée d'enthousiasme, oublie un moment les misères de la vie réelle pour ne penser qu'au bonheur d'être étourdie et aveuglée.

L'étude du Tamoul commença. Un beau matin, nous vîmes entrer dans notre chambre un homme de six pieds, coiffé d'un immense turban. Il nous salua en joignant les mains.

— Bonjour, Pères.

— Bonjour ; qui êtes-vous ?

— Le professeur de Tamoul.

— Ah ! ah ! Quel est votre nom ?

— Gnanadikasâmymoudéliar.

— Comment, comment ? hein ? comment dites-vous ça ?

— Gnanadikasâmymoudéliar.

— Ah ! mon Dieu ! c'est un nom ça !

— Mais oui, c'est le mien.

J'avoue que ce début m'épouvanta. Si les noms propres avaient dix syllabes, que serait-ce des autres ? Nous passâmes un bon quart d'heure à essayer de répéter ce nom sans fin. C'était un gâchis inextricable.

— Gnadikanamoudisiar, disait l'un.

— Non, c'est Gnakamousalémiar, assurait l'autre.

— Gnamousadi...ka...ra...sa...da, bégayait le troisième.

Et tous de rire et de patauger ; et le digne professeur de s'escrimer à accentuer ses dix syllabes.

Quand, au bout d'une semaine, nous fûmes parvenus à réciter ce nom à peu près convenablement, notre excellent maître nous apprit que dans le style épistolaire il fallait ajouter *avergueul :* Gna-na-di-ka-sâ-my-mou-dé-li-ar-a-ver-gueul ! Evidemment, cela manquait !

Nous passâmes ensuite à la lecture. Quelle étude, et quelle méchante affaire que l'entreprise de la tour de Babel !

Le mois suivant, le P. Blanchard partit pour Coïmbatore, le P. Simonet fut placé au Collège colonial, et je restai seul avec mon illustre professeur. Plus tard, on me chargea moi-même d'une classe de Français au petit séminaire, mais je demeurais toujours dans la fameuse chambre zoologique, et, chaque jour, Gnanadikasâmy venait ajouter quelque chose à mes connaissances philologiques.

Le P. Simonet mourut de consomption au bout d'une année seulement de mission.

II

TEMPÉRATURE. — LES MOUSTIQUES, LES FOURMIS, LES MOUCHERONS, LES CORBEAUX. — VOYAGE. — SALEM.— LA MONTAGNE.

Au mois de juin, Pondichéry n'est plus une ville, mais un four, un four propre, large, bien nivelé, dans lequel rôtissent nuit et jour 40,000 habitants. Le matin, pas d'air ; dans la journée, un ouragan de feu ; la nuit, des moustiques, des cancrelas, des punaises volantes..... et autres.

Parfois, après midi, un souffle arrive de la mer. On appelle cela **la brise.** La peau, ratatinée par le vent *des terres*, se détend sous l'influence de ce pauvre zéphir. On sue comme des filtres, et toutes ces poitrines à demi rôties poussent à l'unisson un formidable **enfin** qui donne la mesure de ce qu'on a souffert. Voilà le bonheur des Pondichériens, leur Palais-Royal ou leur Cannebière ! Quand vous les plaignez de vivre dans ce séchoir, ils vous disent : *Nous avons la brise de mer !...*

Mais la fameuse brise n'arrive pas toujours. Elle est si légère que la rencontre d'une épave suffit sans doute à la faire dévier. Ces jours-là Pondichéry fait pitié pour tout de bon. Chaque maison est un tourne-broche ; tout le monde a l'air d'avoir pris de la *mort-aux-rats* ; dans l'œil des chiens on devine des projets de rage ; les corbeaux mêmes font peine à voir : perchés à la cime des cocotiers, ils ouvrent le bec d'un air découragé en faisant *rrrh !* Les amis s'abordent en branlant la tête. Les plus courageux vont sur le *pier*, pont de fer qui s'avance assez loin dans la rade. Mais la mer même semble désespérée : immobile sur son lit de sable, elle attend comme les hommes que la brise vienne enfler ses poumons racornis.

Et il y a des Blancs dans cette machine pneumatique chauffée à rouge ! Ils pourraient vivre tranquillement en France et avoir de l'air : ils aiment mieux s'asphyxier avec leur famille et être négociants dans l'Inde !

En vérité, je n'ai jamais pu comprendre que des hommes libres aient pu se décider à vivre sous la zone torride. Car enfin, quelqu'un a dû commencer ! Un jour un voyageur arriva dans ces plaines rongées par le soleil, il vit les moustiques, les scorpions, les cancrelas, les serpents, les tigres ; il eut sommeil sans pouvoir dormir, il sentit ses forces s'épuiser sans pouvoir les réparer par l'exercice ; il perdit l'appétit, la gaîté, le courage. Et cet homme se dit : Soit ! installons-nous ; et il s'installa, et d'autres le suivirent, et l'Inde se peupla. Et cet être intelligent s'étonnerait de voir un écureuil faire son nid dans le fourneau d'une machine à vapeur !

Certes, je comprends le missionnaire qui pour sauver des âmes va les chercher où elles se trouvent. Mais quitter la France pour quelques sacs d'indigo, s'exiler pour de l'argent, jeter ses enfants dans le feu pour leur laisser un coffre-fort! Voyez ces Européens au teint blême, ces enfants à l'air endormi, ces jeunes filles sans couleur ; ne dirait-on pas une colonie de forçats envoyés loin de la patrie pour mourir plus vite? Ah! sans doute, Vive Dieu! il est doux de souffrir pour Lui; mais après Dieu, vive la France! et si je n'étais pas prêtre, c'est dans la patrie que je voudrais mourir.

Mais la chaleur n'est pas le seul tourment de l'Européen dans l'Inde. Le moustique, le corbeau, la fourmi, le scorpion, le serpent et une foule d'insectes désagréables s'acharnent après lui et font de sa vie un combat sans trêve ni merci.

Le plus cruel de ces ennemis est le moustique. Les hommes l'appellent *cousin*, sans doute pour exprimer la consanguinité qui s'établit entre le dévorant et le dévoré. Il ne se contente pas de saigner, il met son crime en musique et le serine aux oreilles de sa victime. Un monstre qui joue de la guimbarde en faisant de sa languette un stylet. Une clarinette dont l'anche s'allonge en bistouri. Un assassin qui exécute des variations sur celui qu'il va occire! — Je vais — tra la la! — te — déridéra! — percer — et zin boum boum! de — prrrt! — mon petit dard — pssssit! — empoisonné — et chinanapoum!.... Vous ouvrez la bouche pour respirer: un moustique s'y précipite en sifflant. Vous vous mettez en arrêt pour surprendre le misérable qui se dispose à creuser sur votre nez un petit puits artésien : l'artiste fait un demi tour et se carre fièrement sur la main vengeresse. Agitez votre mouchoir : vos pieds sont épinglés ; laissez reposer votre bras : une nuée de tigres ailés se jette dessus, comme pour en finir. La face couverte, vous étouffez ; découverte, c'est une pelote où grouille un bataillon d'aiguilles vivantes. Au moindre mouvement, buzz, prrrt, ksss! — Il y a de la malice dans ces bestioles. Elles pourraient boire le sang de l'homme sans se moquer de lui. Non ! il leur faut du bruit ; chaque goutte de sang doit être accompagnée d'une ritournelle. Il faut que tout le monde sache qu'un crime a été commis ou va l'être. Imaginez un chirurgien jouant des airs gais sur sa lancette, accompagnant ses ponctions d'une *scottish*, ne pratiquant l'acuponcture qu'en sifflotant une valse de Strauss !

Souvent, pendant la sieste, je m'amusais à suivre les arabesques des moustiques autour de mon confrère endormi. Les monstres semblaient se rire du danger. Ils se glissaient sous la main prête à les broyer ; ils faisaient le moulinet autour des oreilles, se plongeaient dans la barbe, dansaient sur les ailes du nez, se carraient sur les lèvres entr'ouvertes, donnaient un coup de stylet sur la joue, se jetaient de côté d'un air goguenard, couraient vers les pieds, en tiraient une goutte de sang, puis ils sonnaient de la trompe sur un ton canaille, dansaient en cercle autour de leur victime, entonnaient un hymne sanguinaire, se reposaient pour écouter un *solo*, reprenaient en *duo*, en *trio*, en *quatuor*, et finissaient à grand orchestre. Et mon pauvre compagnon de suer, de geindre, de se tourner à droite et à gauche, de se souffleter des deux mains dans l'espoir toujours déçu d'écraser un bourreau.

Et la fourmi ? On dirait que le monde n'a été créé que pour cet insecte insatiable. Les petites fourmis de l'Inde passent partout, sont de toutes les fêtes ; elles goûtent de toutes les sauces, veulent leur part de tous les mets. On les trouve installées dans le pain, dans le sucre, dans les armoires, sur la table, sur le lit, dans tous les coins et recoins. Elles ont un flair étonnant : dès qu'un atome de sucre, de pain, etc., est placé quelque part, des légions se mettent en route pour l'annexer. Tout ce petit monde va, vient, monte, descend, entre, sort, emporte tout sans la moindre hésitation, comme si l'affaire était réglée sur papier timbré. Tant qu'on les laisse faire, ces insolentes se contentent de piller ; si l'on proteste, elles se fâchent et mordent le garde-magasin. Assis, elles vous grimpent le long des jambes ; si vous remuez, elles vous piquent, comme pour dire : Vas-tu rester tranquille ? Vous les trouvez manœuvrant sur votre natte, se baignant dans vos gargoulettes, gigottant dans votre lait, dans votre huile, examinant votre tasse, votre assiette, votre verre, vos souliers et vos habits. Ce petit être vorace ne pense qu'à manger. Quand il n'a plus faim, il met la table pour la prochaine fois. La moitié du sucre de la terre doit être cachée dans les greniers de ces pillardes. En Europe, on admire la fourmi ; dans l'Inde on la voit de trop près pour cela.

A l'époque de ce que l'on appelle le *vent des terres*, des moucherons gros comme des têtes d'épingles sortent je ne sais d'où et s'emparent de l'atmosphère. Ces animalcules paraissent n'avoir qu'un idéal unique : entrer dans les yeux des gens et des bêtes. Le matin, dès que vous ouvrez les yeux, ils accourent pour s'y installer. Toute la journée il faut lutter contre ces vampires infinitésimaux. Des milliers de moucherons voltigent autour de vos prunelles ; le nuage grouillant vous suit partout ; rien ne les décourage ; si vous donnez un coup d'éventail, le régiment passe de l'autre côté et recommence l'assaut. Si, à force de patience et de diplomatie, vous parvenez à exterminer un de ces tigres microscopiques, ses frères et ses sœurs serrent les rangs et le combat recommence pour durer jusqu'à la nuit et reprendre le lendemain.

Et maintenant, ami lecteur, chapeau bas : nous allons parler des corbeaux.

Le corbeau est affreux, mais, dans l'Inde, il s'impose à l'étude du voyageur. C'est une institution.

Partout où il y a quelque chose à voler on trouve cet oiseau impudent, dont la vie est un long brigandage. Même ce qu'on lui donne il a l'air de le dérober. S'il ramasse un crapaud mort, il le saisit de manière à faire croire qu'il fait un mauvais coup. Cet oiseau au plumage grossier, au bec mal tourné, à la dégaine ridicule, est cependant le plus rusé des animaux. Il se mêle de tout, s'invite aux repas des hommes et des bêtes, surveille ce que l'on mange, en ayant l'air de dire : et moi ? il enlève ce que les gens portent sur la tête, s'installe sur les portes et les fenêtres pendant les repas, vient croasser jusque dans les appartements, se conduit, en un mot, comme un mal appris que tout le monde doit subir et nourrir.

J'ai vu des corbeaux enlever par la queue de pauvres petits cochonnets sous les yeux de leur mère. Ils ne pouvaient emporter ces innocents, mais la queue de l'un d'eux resta au bec de l'ennemi, qui alla la *déguster* sur un arbre voisin.

Le corbeau est aussi malicieux que vindicatif. Il se sert de son croassement comme d'une arme offensive et défensive. Si vous essayez de le chasser, *couac!* il vous fend la tête de son vilain cri. Si l'on tire un coup de fusil, *couac! couac! couac!* toute la bande se déclare offensée et proteste par un boucan d'enfer. Pendant les repas, une bande affamée entoure la maison, s'aiguisant le bec sur les pierres et les briques. Tout ce monde a l'air de regarder votre bien-être comme une insulte personnelle. Et si un os ou quelques grains de riz viennent à tomber sur le sol, c'est un assaut vraiment comique. Tous ces bons amis se précipitent avec fureur. C'est un tapage à assourdir une idole ; parents et amis se bousculent, s'écorchent, s'arrachent les plumes sans pitié. Mais faites un signe de menace, lancez une pierre, prenez votre fusil : aussitôt la troupe fait la paix et ne songe plus qu'à s'unir pour la vengeance. Pendant votre absence, vos allumettes seront éparpillées sur le parquet de votre chambre ; vos meubles seront souillés, vos journaux déchiquetés, vos nattes écorchées, les mèches de vos lampes arrachées. Puis, si vous voulez faire la sieste, une douzaine de corbeaux s'installeront au-dessus de votre tête et le charivari remplacera le sommeil.

Et voilà l'oiseau que l'on trouve partout, qu'il est impossible d'éviter. Au milieu des villes comme dans les bois, il est là, prêt à partager votre subsistance ou à lutter contre vous. C'est le petit journal pornographique qui vous poursuit de ses ordures, l'affiche immonde qui souille vos regards, le *gendeplume* sans vergogne qui vomit son *couac !* sur tout ce qui est pur.

Distinguons cependant.

Les écrivains dont je parle se liguent entre eux pour manger ; dès que quelque chose de sale apparaît, ils se battent pour avoir la meilleure part. Tout ce qui est gâté, corrompu, pourri est leur propriété. Ce qui est vivant n'est pas pour eux, et ils l'insultent de leurs *couacs* furibonds. Jusque-là c'est le corbeau.

Mais si le corbeau est un franc voleur, c'est aussi un voleur franc. Il se donne pour ce qu'il est ; il ne se présente pas comme un oiseau aimable ; il ne fait pas de pirouettes pour plaire au public qu'il exploite ; il ne se vante pas d'être un modèle de propreté : il dévore sa pitance ouvertement, il lâche son cri grossier sans demander un brevet de rossignol.

Est-ce là l'homme de plume de la France boulevardière ?

Celui-ci commence toujours par se déclarer honnête homme; il parle de la vertu comme s'il la pratiquait; il met des gants frais pour dérober l'honneur des gens; il se pommade avant d'entamer un cadavre; il croasse la bouche en cœur, et il enveloppe ses ordures de papier doré.

Devant cet homme, il me prend des élans de tendresse pour l'allure franchement canaille du corbeau indien.

Les plumes trempées dans le fiel me réconcilient avec les plumes souillées de boue.

En un mot, le corbeau est sale, et voleur, et grossier par nature; mais il se montre tel qu'il est. Le journaliste était destiné à chanter la vertu, à exalter la justice, à défendre l'innocence, et il méprise et attaque tout cela : j'aime mieux le corbeau !

Que l'on me pardonne cette digression. Plus peut-être que partout ailleurs, dans l'Inde tout est relatif. L'Indien corrompu ne descend guère au niveau de l'Européen impie, l'athée est bien au dessous du païen. Mais quel abîme entre le vrai chrétien de France et le meilleur chrétien de l'Inde ! La foi ardente, la charité sans borne, le dévouement absolu, ces grandes vertus sont rares parmi ces peuples que le démon a si longtemps regardés comme siens. Même l'Indien baptisé ne comprend qu'à demi la religion qui l'a retiré du gouffre de l'idolâtrie. Il prie, il fréquente l'église, reçoit les sacrements, parce qu'il est chrétien et que la loi des chrétiens demande tout cela. Il pleure quand il faut pleurer, se prosterne quand il faut se prosterner, se met en règle quand il faut mourir. Mais la foi qui *voit* Dieu, l'humilité qui ne se voit plus elle-même, le zèle qui se consume au service des autres, ces grandes vertus sont plantées dans l'Inde, sans doute, mais elles ne croissent que lentement, et la sueur des Missionnaires n'a pas encore pu en faire des arbres. Il faut donc se contenter d'une vertu relative, d'une humilité relative, d'une charité relative, d'un christianisme relatif. D'ailleurs, Dieu ne demandera à ces peuples que ce qu'ils peuvent donner; et comme beaucoup donnent tout ce dont ils sont capables, tandis que tant d'Européens ne produisent que des épines; au lieu des fruits que Dieu leur demande, il y a, en somme, une compensation suffisante entre ces peuples qui viennent à Dieu et ceux qui s'en éloignent.

Au mois d'août les professeurs du Collège et du Petit Séminaire partirent en vacances.

Comme je devais entrer dans ce dernier établissement, je pus quitter Pondichéry et aller passer un mois sur les montagnes de Salem.

J'accompagnais le P. Tarbès. Nous partîmes le dimanche soir, dans une charrette traînée par des bœufs. C'est un attelage d'une simplicité primitive. Deux grandes roues supportant trois pièces de bois, dont celle du milieu, plus longue que les deux autres, sépare les deux bœufs, forment la base de cette machine patriarcale. Une barre transversale repose sur le cou des deux animaux, qui sont dirigés au moyen d'une corde passée dans leurs narines. La charrette est recouverte d'une grande natte fixée à des bambous. Cela ressemble à un immense catafalque. On met au fond les caisses, paniers et autres bagages, on recouvre le tout de paille, et l'on se hisse dans ce puits horizontal.

Les bœufs de l'Inde ne sont jamais pressés. Le conducteur crie, frappe, les pousse du pied, leur froisse la queue; mais les pauvres bêtes sont blasées et vont leur train sans s'occuper de ces petites misères. Cahin-caha, ils font leurs deux ou trois milles à l'heure, et toutes les objurgations du monde ne les font guère dépasser cette limite. D'ailleurs, leurs maîtres ne les tourmentent que pour faire plaisir au voyageur qui les paie. Celui-ci finit par s'endormir, et l'attelage avance tout doucement et finit toujours par arriver. On peut faire ainsi vingt ou trente mille d'une traite. Ordinairement l'on voyage la nuit. Le matin on arrive dans un *bangalow*, maison de repos construite par le Gouvernement anglais pour les voyageurs; on s'y repose quelques heures, puis, le soir, on se remet en route.

Notre voyage dura sept jours. Le vendredi soir, un orage épouvantable éclata; mais désirant arriver à Salem le lendemain, nous continuâmes notre route, malgré les supplications des voituriers.

Entre onze heures et minuit, la pluie devint si violente que les bœufs refusèrent d'avancer. Ils avaient de l'eau jusqu'au poitrail. Le tonnerre grondait avec fureur, et comme nous étions au pied d'une chaîne de montagnes, la route se trouva bientôt transformée en un immense torrent. Inutile de dire que nos charrettes étaient comme des baignoires, dans lesquelles nous pataugions comme des morues que l'on dessale.

Après une heure environ d'arrêt forcé, nous nous remîmes en route. Mais quelle route ! la boue, les branches d'arbres, les pierres roulantes empêchaient les bœufs d'avancer. Le P. Tarbès se fâchait en Tamoul ; je m'impatientais en Français ; le conducteur frappait, piquait, objurguait les pauvres bêtes, leur tournait la queue comme un paquet de ficelle, les suppliait de sortir de ce mauvais pas, les tirait par les cornes, leur prenait les jambes pour les faire marcher.

Tout à coup la charrette de mon compagnon fit un écart ; j'entendis un cri d'épouvante, et mon voiturier se mit à gesticuler en me parlant dans son jargon que je ne pouvais comprendre. Je me hissai dans ma charrette et je me mis à crier de toutes mes forces :

— Père, qu'y a-t-il donc ?

— Rien, rien, n'ayez pas peur.

— Si, il y a quelque chose ; qu'est-ce donc ?

— Rien ... c'est un ours.

— Un ours !

— Oui; chargez votre fusil à balle — vite, vite ; n'ayez pas peur.

Un ours, en pleine nuit, sur une route défoncée, et n'ayez pas peur ! J'avoue que javais une peur *bleue*, au contraire. Cependant je me mis à l'œuvre pour charger mon fusil ; mais ce n'était pas chose facile dans l'obscurité la plus complète et au milieu de la paille détrempée et des paniers qui roulaient çà et là. Heureusement mon sac n'avait pas été pénétré par la pluie ; après m'être cogné la tête contre les parois de la charrette et m'être écorché les mains au bambou de la natte, je parvins à trouver la clef ; je chargeai mon fusil et je criai au P. Tarbès que j'étais prêt.

— Bien, attendez.

— Et l'ours ?

— Il marche devant mes bœufs.

A ce moment, l'animal s'arrêta; les bœufs du Père tournèrent sans façon, et sa charrette se trouva derrière la mienne.

Aussitôt, à la clarté d'un éclair, j'aperçus un ours noir et trapu qui cheminait à quelques pas de nous. Pendant quelques minutes mes bœufs continuèrent d'avancer. De temps en temps, l'ours se retournait vers nous; les bœufs s'arrêtaient aussitôt. Puis Martin reprenait son petit pas, et nous le suivions de nouveau.

Bientôt cependant l'animal parut vouloir en finir ; il se retourna et s'avança vers nous. Le charretier saisit une poignée de paille et l'enflamma à la petite lanterne attachée auprès de lui. L'ours s'arrêta aussitôt, mais au bout d'un instant il se remit en marche de notre côté. Une nouvelle poignée de paille le retint encore. Alors je me décidai à tirer un coup de fusil ; mais ayant deux coups à tirer, l'idée me vint que la détonation suffirait peut-être pour effrayer la vilaine bête; je m'avançai donc sur le bord de la charrette et je tirai en l'air.

Pan !...

L'ours s'arrêta net, regardant de tous côtés. Il parut réfléchir comme un honnête père de famille qui ne veut pas s'exposer inutilement au danger ; puis il prit « par le flanc droit » et se dirigea vers la montagne comme un garde national qui va déjeuner après l'exercice.

Le lendemain nous arrivâmes enfin à Salem. Les PP. Balcou et Riss nous reçurent avec une cordialité parfaite, qui nous fit bien vite oublier la fatigue et les ennuis du voyage.

Le presbytère était une vieille bicoque, basse, mal aérée, à peine suffisante pour une personne, et que le P. Gouyon regardait cependant comme un monument de goût et de confort. Salem étant un point central, quatre, cinq, six missionnaires s'y trouvaient souvent réunis. Ils se partageaient la chambre et le petit cabinet qui composaient ces *Tuileries* ; les chevaux étaient attachés dans la cour qui longeait la maison ; les domestiques s'installaient sous l'appentis de la façade, et toute la famille vivait ainsi comme une troupe de pauvres Bohémiens en voyage.

Le lundi, après midi, nous partîmes pour la montagne. Il y a six milles de Salem à l'endroit où l'on commence à monter. On nous prêta un méchant cabriolet, et à trois heures nous nous engagions sur la route qui conduit à Yercaud, premier plateau habité par les Européens.

Nous avions six milles à gravir. Il nous fallut trois bonnes heures pour arriver au but de notre voyage. Notre *coup de jeunesse* aurait pu nous coûter cher, car la chaleur était terrible sur cette route encaissée entre d'immenses blocs de granit. Peu d'Européens montent à pied, mais ceux qui en ont la force et le courage le font seulement à quatre ou cinq heures du matin. Ordinairement on fait l'ascension à cheval ou *en chaise*. Des *coulis* ou porteurs fixent deux forts bambous aux bras d'un vieux fauteuil. Le voyageur s'assied, les pieds posés sur une planchette attachée à une corde ; quatre hommes l'enlèvent sur leurs épaules, et l'on se met en route, au chant monotone d'une phrase sans cesse répétée.

Pendant les mois de mai, juin, juillet et août, les pauvres éclopés de la plaine se réfugient sur les montagnes. Le gouverneur de Madras, les employés et ceux qui aiment la société et ont de quoi payer pour en jouir vont aux Nilguéries. Les autres mortels se contentent des montagnes plus modestes de Salem.

Quand la chaleur devient trop forte dans la plaine, tout ce monde ratatiné, épuisé, anémique va chercher dans les nuages cette brise délicieuse qui rappelle la patrie. On voit arriver des visages blêmes, des cadavres rongés par la dyssenterie, les maladies de foie, de rate et d'estomac, tristes, lourds, incapables de se mouvoir. A peine arrivé sur le plateau, le pauvre voyageur se sent renaître. Souvent il quitte son bidet ou son fauteuil avant d'arriver à destination, et ce pauvre malade qui, la veille, pouvait à peine faire quelques pas dans sa *vérandah*, se met à trottiner gaillardement en aspirant à pleins poumons l'air pur de la montagne.

Quel être singulier que l'homme; de combien de choses il a besoin pour vivre! A l'Anglais il faut du bœuf et de l'eau de vie; le Français est malheureux si le pain vient à lui manquer; l'Espagnol est désorienté s'il manque de papier à cigarettes; le plus pauvre Indien a besoin de sa chique de bétel. Le foie des Européens semble avoir pour fonction principale de les empêcher de s'acclimater dans les pays chauds. Dès que le thermomètre arrive à un certain degré, les voilà misérables. Vraiment, les animaux sont moins difficiles ou peut-être plus sages. Tous les climats ne leur conviennent pas sans doute, mais du moins ils restent dans les pays que la Providence leur a assignés. L'ours blanc se garde bien d'aller sous la zone torride; le lion reste dans ses sables brûlants et le tigre dans ses forêts impénétrables. L'homme, au contraire, ne peut se décider à rester chez lui. Voyez ces Anglais, par exemple : ils vont, viennent, cherchent des terres nouvelles, fondent des colonies lointaines, pour le plaisir, dirait-on, d'y regretter l'Angleterre. Ils pourraient chanter leur fameux « *Home, sweet home!* » à Londres même; mais non! ils prennent le steamer, ils s'en vont au bout du monde; puis, à peine arrivés, ils se plaignent de leur exil. Ils deviennent jaunes à rêver de leur pays natal. Certes, je comprends qu'un rhinocéros transporté en Europe regrette ses forêts : il n'est pas libre d'y retourner, il n'a pas pris lui-même son billet pour aller manger la paille du jardin zoologique de Paris, de Londres, de Vienne ou de Berlin. Mais ces messieurs, qui donc les a enlevés pour les déposer sous l'Equateur? Qui les empêche de rester au milieu de leurs brouillards, qu'ils nous font si pleins de poésie? Ils veulent s'enrichir et planter l' « Union Jack » sur tous les îlots connus; soit! libre à eux; mais alors de quoi se plaignent-ils?

L'église catholique est bâtie sur le plateau de Yercaud. C'est une construction fort simple, mais il y a vraiment de la vie dans cette petite chapelle. Ces pauvres parias ont la foi qui élève, et ils sont grands; l'espérance qui soutient, et ils sont forts; l'amour qui réchauffe les cœurs, et ils valent mieux que les riches au cœur de glace. Ils sont bien chez eux dans la Maison du Roi des rois; il y a des âmes sous ces haillons. Après avoir travaillé tout le jour pour leurs maîtres de la terre, ils se réunissent, le soir, autour du petit tabernacle, et ils prient leur Maître du Ciel.

Le temple protestant, au contraire, ressemble à

un grand tombeau sorti de terre. Ces grands murs nus et froids ont l'air d'un immense glaçon échoué sur un lit de roses. Quand, le dimanche, le ministre lit la Bible dans cette salle, on dirait une voix résonnant dans un cadavre.

Nous trouvâmes sur la montagne le P. Godet, qui venait d'être chargé depuis quelques mois de cette chrétienté. Arrivé dans l'Inde en 1845, il avait été pendant vingt ans Principal du Collège Colonial. C'était plaisir de voir cet ex-grand homme trotter comme un chevreuil sur les rochers abruptes, descendre lestement dans les ravins comme un vrai montagnard, et causer avec ces pauvres gens comme s'ils eussent été ses frères et ses cousins.

Pendant un mois nous parcourûmes ces grands bois parfumés, grimpant sur les plus hautes cimes des montagnes, d'où nous regardions avec pitié cet immense cratère qui s'appelle la plaine; allant passer des journées entières dans les vallées habitées par les *malleyalis* ou montagnards ; courant çà et là comme des écureuils, ou dormant à l'ombre des grands arbres comme des lézards paresseux.

Mais un mois n'est pas un siècle, même sur les montagnes. Le moment de descendre arriva. Il fallut reboucler ses malles, reclouer ses caisses, rengaîner sa gaieté, remonter sur son vieux fauteuil, et dire adieu aux frais nuages pour aller se replonger dans l'atmosphère thermale de Pondichéry.

III

PETIT SÉMINAIRE. — LE P. HENRY. — LE CAPITAINE BOHLER. — LE P. MOUSSET. — MORT DE Mgr GODELLE. — LE P. TRÉVOUX. — LE P. PRIEUR. — LE P. JARRIGE. — — LE P. FOURCADE. — SACRE DE Mgr LAOÜENAN. — MA NOMINATION A PRATACOUDY.

Je fus nommé professeur au Petit Séminaire, et l'on me chargea, en même temps, de la classe de Rhétorique, de celle de Seconde et de la Musique.

Il y avait de quoi travailler et de quoi suer sans massage.

J'eus le travail, la sueur et le massage par dessus le marché.

Le Supérieur du Petit Séminaire était le P. Henry — que j'ai toujours entendu appeler *le vieux P. Henry*.— Il n'avait pourtant que quarante-six ans, et quinze seulement de Mission. Mais, outre que dans l'Inde *on vit double*, le P. Henry est un de ces hommes au cœur de feu qui se consument en vivant, parce qu'ils ne vivent que pour les autres. Certes, le fardeau de la vie est assez lourd pour chacun de nous, mais ces âmes aimantes et dévouées trouvent *leur* fardeau si léger, qu'elles se chargent sans cesse de celui des autres et sont bientôt accablées sans savoir pourquoi. A quarante-six ans, le P. Henry paraissait en avoir soixante. C'est qu'il souffrait pour tous, lui qui ignore ce que c'est que de souffrir soi-même. Il souffrait pour ses jeunes confrères, qu'il croyait surchargés; pour ses élèves, qu'il voyait entourés de tant de périls; pour les païens, à la conversion desquels il ne pouvait plus travailler; pour les chrétiens, qu'il aurait voulu plus courageux, plus zélés, plus saints. Alors, dans sa charité, il eût voulu faire le travail de tout le monde; dans son abnégation, il oubliait le soin de sa santé pour soulager ceux qui l'entouraient; dans son humilité, il ne voyait pas le bien qu'il faisait et s'accusait du mal que pouvaient faire les autres. C'était un père toujours tremblant, une sentinelle toujours armée, un ange toujours debout. La croix que ses frères pouvaient à peine soulever, il la chargeait sur ses épaules et la faisait sienne. La chute d'une âme brisait son cœur. Il pleurait pour les pécheurs qu'il voyait rire sur le bord de l'abîme. Et l'on se disait : Le P. Henry vieillit; voyez comme sa barbe devient blanche! Et l'on s'accoutumait à le voir triste; et l'on pensait : il s'en va; et tous l'appelaient : le vieux P. Henry.

Mais aujourd'hui il est redevenu jeune.

Aujourd'hui il est gai comme un pinson.

Aujourd'hui sa figure est épanouie; plus de nuages sur son front, et dans ses yeux plus de tristesse.

Après vingt ans, il a trente ans de moins.

Qu'est-il arrivé ? que s'est-il passé ? d'où vient ce changement ?

C'est que le Père Henry n'est plus supérieur du Petit Séminaire. On a eu pitié de ses cheveux blancs. On s'est ému de la lourdeur de sa croix. On a écouté ses supplications, et on l'a nommé.... professeur.

C'était le rêve de sa vie !

Un missionnaire plus jeune que lui de vingt-six ans, arrivé en mission dix-neuf ans après lui, est devenu supérieur, et le Père Henry n'a plus de responsabilité. Déchargé de tous ces fardeaux, il n'a plus que le sien à porter, et il revit quand on croyait qu'il allait mourir.

En France, on l'aurait fait chanoine ; dans l'Inde, il est parvenu à être simple professeur.

J'ai revu mon vieux Père depuis sa *promotion*. C'est un autre homme, quoique ce soit toujours le même cœur. Mais c'est un cœur rajeuni, un cœur qui sourit sans cesse, un cœur qui aime sans larmes, qui s'ouvre sans montrer du sang, qui se donne sans se rompre, qui vit sans paraître devoir jamais mourir.

La vie de professeur n'est poétique dans aucun pays. Les classes succèdent aux classes, les jours font des semaines, les semaines des mois, et l'on arrive tout doucement aux vacances, ce sommet de l'*angle* scolaire composé de deux côtés appelés semestres.

Mais quand il faut mener cette vie dans une serre chaude, dans une étuve, dans une machine pneumatique, on se demande si les forçats de Brest et de Toulon sont vraiment malheureux, et l'on en doute en pensant qu'ils ont de l'air. Sans doute, ils sont privés de la liberté; mais est-on libre dans l'Inde?

Dès que le soleil paraît, on se trouve fatalement consigné au logis. Tant qu'il est sur l'horizon, toute demeure devient une prison. Si l'on est forcé de sortir, on ne peut le faire qu'armé d'un parasol, d'un turban qui vous étourdit ou d'un immense chapeau qui vous écrase. Le soir, vers six heures, Phébus met de la cendre sur son fourneau, mais presqu'aussitôt il fait nuit, et si l'on veut se promener, on ne peut le faire que dans les ténèbres, en compagnie des serpents qui, eux aussi, craignent le soleil et ne sortent que la nuit.

Il y a vingt ans, le bâtiment du Petit Séminaire n'était pas ce qu'il est aujourd'hui. La plupart des professeurs faisaient la classe dans leur chambre. La mienne était fort étroite et sans air. Matin et soir, une vingtaine de jeunes gens s'installaient autour de moi, sur le sol. A l'air chaud de l'atmosphère se mêlait alors l'odeur *sui generis* que l'Indien porte toujours avec lui. Après la classe, j'ouvrais porte et fenêtres et j'allais m'éventer et m'éponger sous la *vérandah*. Les jours de brise, l'odeur dont j'ai parlé finissait par disparaître, du moins relativement; mais *elles* ne sortaient pas. *Elles* se cachaient sous la natte, dans les fentes de mon bureau, dans les rayons de ma bibliothèque, jusque dans le *dos* de mes livres, en attendant de pouvoir grimper dans le mien. La nuit venue, le maître devenait *sujet.* Mon lit n'était plus qu'une table d'amphithéâtre, sur laquelle les élèves de mes élèves venaient disputer aux moustiques le sang qu'il me restait encore. Les missionnaires de la Chine et du Tonquin arrosent souvent la terre de leur sang : ceux de l'Inde voient le leur engraisser ces insectes cruels qui ne trouvent de bon en nous que ce qu'ils peuvent dévorer.

Mais cette première leçon n'est pas inutile. Les moustiques et leurs timides compagnes se retrouvent dans la vie réelle. J'ai vu des hommes n'aimer de moi que le vieux bas dans lequel je tiens mon argent, ne s'incliner que pour être plus à portée de mordre, ne se dire mes amis que pour me voler plus longtemps. Dans ces moments, on pense aux moustiques qui chantent, aux *autres* qui rougissent et se cachent, et l'homme ne paraît qu'un peu plus sot, un peu plus impudent, et on se fait à ses manières.

Il y avait à Pondichéry un vieux marseillais, M. Bohler, ancien capitaine devenu commerçant. Ce brave homme avait perdu son navire à Pondichéry même, dans un cyclone. Quand la tempête commença, il se trouvait à terre, et, ne pouvant se rendre à son poste, il ordonna par signaux à son second de prendre le large. Mais cet ordre ne fut pas exécuté et bientôt le navire vint s'échouer à quelques encâblures du rivage. Le pauvre capitaine se trouva ruiné entièrement, car il avait mis tout son avoir dans l'affrétement de ce navire. Le second fut trouvé mort dans sa cabine. Les matelots reçurent chacun une somme suffisante pour rentrer en France, et le vieux capitaine commença une nouvelle existence. A force de courage et de persévérance, il parvint à s'établir comme fournisseur pour les navires. Les fonds nécessaires lui furent avancés par un ami généreux, et bientôt, grâce aux capitaines qui se faisaient un plaisir de prendre chez lui tout ce dont ils avaient besoin, l'excellent *papa* Bohler se trouva à la tête d'un établissement parfaitement monté.

Une fois par semaine j'allais passer la soirée chez mon vieux compatriote. Assis en face de la mer, nous parlions de la France, c'est-à-dire de Marseille, de Notre-Dame de la Garde, du Prado, du Roucas-Blanc. Le brave capitaine me racontait ses voyages, ses souffrances, ses espérances. Le souvenir de sa femme revenait sans cesse dans ses conversations. « Ma pauvre vieille, il y a si longtemps que je l'ai quittée ! mais j'espère la revoir un jour. Je retournerai à Marseille, et nous aurons enfin ce repos, après lequel je soupire ! »

Hélas ! cette espérance ne devait pas se réaliser. Le 5 avril 1868, M. Reynaud, ami dévoué du cher capitaine, reçut une lettre annonçant la mort de Mme Bohler. Nous allâmes ensemble porter cette terrible nouvelle. La douleur du pauvre homme était déchirante, « Ma vieille, ma bonne vieille ! » disait-il en sanglotant comme un enfant.

Puis le malheur retomba sur cet homme déjà si éprouvé. Il vit de nouveau la pauvreté et toutes les souffrances qu'elle traîne après elle. Mais c'était un homme fort, et jusqu'au bout il lutta sans jamais faiblir. A quatre-vingts ans il travaillait encore pour gagner son pain de chaque jour. Enfin l'heure du repos sonna aussi pour lui. Depuis longtemps il ne pratiquait plus les devoirs du chrétien, mais il avait la foi, une foi vraie, une foi de marin. L'image de Notre-Dame de la Garde ne l'avait jamais quitté, et j'étais toujours touché quand il me disait : « Voyez-vous, Père, moi j'aime la Bonne Mère ; je l'ai toujours priée. »

Quand il fut en danger de mort, la Bonne Mère lui envoya un ange. Un capitaine de ses amis vint le trouver, et lui dit franchement :

— Père Bohler, quand on part pour un long voyage, que fait-on ?

— Et pardi, on fait ses provisions.

— Eh bien, tenez, je crois que vous êtes sur le point de mettre à la voile.

— Oh ! c'est ça ? merci, mon bon ; appelez le Père.

Le bon vieillard se mit en règle et il quitta la vie comme s'il se fût agi d'un voyage au long-cours.

J'ai parlé de cet excellent ami, parce que son souvenir est un des plus doux de ma vie. On est si peu aimé dans l'Inde, que la rencontre d'un bon cœur est un événement qu'il est impossible d'oublier.

Il y avait au Petit Séminaire un vénérable missionnaire qui professait la quatrième. C'était le bon et savant P. Mousset, de Poitiers. Né en 1808, il est dans l'Inde depuis 1835. Il est encore à Pondichéry au moment où j'écris ces lignes. L'année dernière, après la retraite commune, nous célébrâmes la cinquantaine de son arrivée à Pondichéry. Il occupe la même chambre depuis plus de trente ans, et c'est dans ce pauvre taudis que nous le trouvâmes occupé à lire... la grammaire grecque de Burnouf !

Le P. Mousset est une encyclopédie vivante. Histoire, géographie, mathématiques, physique, chimie, il connaît tout à fond. C'est un savant absolument universel. Il semble qu'il ait été le condisciple de tous les personnages qui ont laissé quelque trace, depuis Adam jusqu'au pauvre M. Grévy. Aucun fait de l'histoire ne lui est inconnu. Il a tout étudié et rien oublié. Consulté sur n'importe quel sujet, il répond immédiatement avec une précision et une clarté étonnantes. Il connaît le Latin, le Grec, le Portugais, l'Anglais, le Tamoul. Pour cette dernière langue, il la possède à fond, car il a passé la plus grande partie de sa vie à faire des grammaires, des dictionnaires et une foule d'autres ouvrages pour les missionnaires.

Cet homme si profondément savant est d'une simplicité, d'une douceur, d'une naïveté même qui font l'admiration de tous ceux qui le connaissent. Entouré d'une douzaine de vieux bouquins, fumant sa méchante petite pipe d'un sou, il a l'air d'un pauvre bonhomme. Posez-lui une question sur l'histoire, la géographie, les sciences : il répond sans lever les yeux et vous apprend une foule de détails sur la question proposée, en ayant l'air de lire dans le livre placé devant lui. Jamais un mouvement d'impatience, jamais la moindre hésitation. Un enfant est aussi bien reçu que l'évêque. Sa science appartient à tout le monde. Ce grand cœur est une bibliothèque, et le bibliothécaire ne paraît pas se douter de l'admiration que l'on éprouve pour son immense savoir. Depuis quelques années il n'a plus de classe à faire. Le temps qu'il donnait aux enfants, il le donne aux âmes du Purgatoire. C'est là sa dévotion spéciale. Toutes les fois qu'il n'est pas à son bureau, étudiant les Saints Pères ou l'histoire de l'Eglise, il se promène lentement, le chapelet à la main. Sa vie est une étude et une prière ; je n'ai jamais vu un saint de si près, comme je n'ai jamais rencontré d'homme si profondément savant.

Pendant ma première année de professorat, Mgr Godelle fut appelé à Rome, et la Mission fut confiée au R. P. Dupuis, provicaire. Notre vénéré Vicaire Apostolique ne devait pas revoir l'Inde : il mourut à Chambéry, à l'hôpital. Ce fut pour notre Mission une perte cruelle. Cet excellent évêque était pour nous tous un père tendrement aimé, un de ces hommes dont il est impossible de perdre le souvenir quand on les a une fois connus. Ses désirs étaient pour tous des ordres ; il gouvernait en aimant, et on l'aimait en obéissant. Souvent les saints ne savent pas commander, mais personne n'est obéi comme eux. Le « je veux » d'un maître n'aura jamais la force du « je désire » d'un père, et jamais l'éperon ne vaudra la caresse du cavalier. Le missionnaire, seul au milieu d'un peuple étranger, sent parfois son cœur défaillir au souvenir des affections auxquelles il a renoncé. Il se tourne alors vers celui que Dieu lui a donné pour Père au milieu de son exil. Il a besoin d'une parole affectueuse, d'un signe d'amitié; et cette parole lui suffit pour se remettre en route, cette marque de tendresse paternelle lui fait oublier la fatigue du voyage, et, se sentant aimé, il aime ses enfants d'adoption et il marche comme l'enfant qui revient au logis en pensant à sa mère.

Le 16 avril 1868, le « *Labourdonnaye* » nous amena trois nouveaux confrères, les PP. Trévoux, Dupas et Fourcade. Le premier de ces jeunes missionnaires ne devait, hélas ! que passer comme une ombre sur la terre de l'Inde. Aux vacances du mois d'août, nous allâmes à Véttavalam, chez le P. Prieur. Le bon P. Trévoux était tout heureux de voir de près les travaux des missionnaires. D'une activité vraiment extraordinaire, il ne pouvait rester en place. Coiffé de son grand turban, il croyait pouvoir impunément affronter le terrible soleil des tropiques. Quand les anciens missionnaires lui disaient de ne pas s'exposer ainsi, il répondait en riant qu'il avait la tête dure, et rien ne pouvait le retenir.

Vers le 14 ou 15 du mois d'août, le pauvre Père se plaignit d'une espèce de rhume. Comme nous n'avions aucun remède, nous décidâmes de le renvoyer à Pondichéry. Le 18, il fit lui-même les préparatifs du départ. Le P. Bordereau devait l'accompagner. Mais vers 6 heures du soir, le malade se mit sur son lit et demanda à se confesser. Dès que sa confession fut terminée, il fut pris d'une crise affreuse accompagnée de délire. Le P. Prieur lui donna aussitôt l'Extrême-Onction, et, une heure après, le jeune missionnaire expirait sans avoir repris connaissance.

Cette mort fut pour nous une immense douleur, car cet excellent jeune homme était doué d'un caractère qui le faisait aimer de tous ceux qui l'approchaient. C'était une âme pleine de l'amour de Dieu, de ces âmes que l'on s'étonne de rencontrer sur la terre et dont on ne peut s'empêcher de dire, quand Dieu les rappelle à Lui : Elles étaient trop pures pour nous !

Le bon P. Prieur, chez qui nous nous trouvions au moment de la mort du P. Trévoux, est né à Dijon en 1824. Arrivé à Pondichéry en 1848, il se livra avec passion à l'étude de la langue tamoule, et il devint bientôt un excellent prédicateur.

Cet homme de bronze est un ami incomparable ; il n'a pas de *connaissances* : tous ceux qui le rencontrent deviennent ses intimes.

Au physique, belle prestance ; figure d'un rouge bistre, qui semble passée au double vernis ; barbe peu longue, mais épaisse comme un fourré vierge ; démarche de sapeur en retraite ; regard franc et limpide, voix de stentor que la moindre émotion fait éclater comme une tonnerre d'été

Le P. Prieur est né apôtre. Mgr Godelle, Mgr Laoüenan, Mgr Gandy l'ont, tour à tour, appelé à préparer les voies pour leurs visites pastorales. Quand il arrive dans un District, la vie semble renaître autour de lui. Sa parole forte, imagée, d'une pureté d'accent qui en fait un air de trompette, réveille les endormis, excite les bons, épouvante les pécheurs, ravit tout le monde. Les bras étendus, l'œil étincelant, la poitrine gonflée par l'émotion, il regarde le ciel, il *parle en haut* comme s'il voyait Dieu. Sa voix devient douce ; on se penche pour l'entendre. Puis elle éclate comme un ouragan, les paroles sortent précipitées de cette poitrine de fer ; les auditeurs ne respirent plus, on est ému, on a peur, on tremble. Puis le ton redevient tendre: l'espérance plane sur l'assemblée, les bons veulent être meilleurs, les pécheurs sont prêts à se jeter dans les bras de Dieu, et quand l'apôtre a fini son ministère, les haines sont éteintes, la foi triomphe dans les âmes et la joie règne dans les cœurs.

En voyant ces anciens, ces robustes vieillards, ces hommes infatigables qui ne connaissent la maladie que par les jeunes gens qu'ils ont vu mourir, on se demande si le monde n'a pas changé, si les plus vieux ont toujours été les plus forts, si la génération actuelle n'est pas une génération manquée. Il y a à Bangalore un vénérable vieillard, le bon P. Jarrige, qui, né à Clermont en 1796, est dans l'Inde depuis 1819. Malgré son grand âge, il a conversé toute la fraîcheur de son intelligence, et il plaisante agréablement la « jeunesse » qui ne sait plus vivre. Sans doute ces cas de longévité sont fort rares dans l'Inde, et je ne pense pas qu'aucun missionnaire ait jamais atteint l'âge du P. Jarrige ; mais il n'en est pas moins vrai que « nos anciens » semblent constitués autrement que nous, et que les missionnaires de trente et quarante ans de Mission paraissent plus forts et semblent devoir vivre plus longtemps encore que ceux qui étaient à peine nés à l'époque de leur départ pour la grande chaudière indienne.

Puisque j'ai parlé de l'arrivée dans l'Inde du P. Fourcade, je raconterai une jolie histoire qui lui est arrivée il y a deux ou trois ans.

Ce charmant petit Basque est bien l'homme le plus aimable que l'on puisse espérer de rencontrer. D'une taille d'enfant, il a, je ne sais pourquoi, une fort belle barbe, noire comme jais... au moins. Il a l'air d'un enfant de chœur habillé en homme. Mais si sa taille est minuscule, son cœur est largement taillé. Partout où il a passé, il s'est fait des amis. Pendant la famine 1877-78, le petit apôtre eut une moisson d'âmes magnifique. Mais quelle besogne pour tenir en ordre toutes ces gerbes sauvages ! Ses travaux l'on fait connaître à cinquante ou cent milles à la ronde. Or, un beau jour, il fut invité à une fête dans le village de Viriour. Les chrétiens de cette localité sont d'une simplicité admirable. Le prêtre est vraiment un bon ami pour eux, et tous, sans exception, le tutoient sans aucune façon. Le petit P. Fourcade eut bientôt gagné les cœurs de ces bonnes gens. Les autres missionnaires ne furent plus que les satellites de cette planète infinitésimale, et il fut décidé que l'on ferait quelque chose pour lui montrer à quel point on l'estimait. Le missionnaire du District était occupé depuis plusieurs années à faire bâtir une grande église. Mais cela ne va pas tout seul, et il lui arrivait, de temps en temps, de se fâcher contre les ouvriers. Son mot alors était ordinairement peu parlementaire, mais reconnu par l'Académie : il criait de sa plus belle voix : Ah ! les petits...

Le projet de fête publique une fois arrêté, quelques artistes du village prirent à l'écart un des missionnaires invités et lui demandèrent : « Père, que signifie *petit coçon* dans votre langue ? » Etonné d'une telle question, le Père répondit gravement : « Cela veut dire gentil, charmant, aimable. »

Voilà mes gens heureux ! Ils ne savaient que deux mots de la langue française, et c'était justement ce qu'il leur fallait. Aussitôt on s'entendit et la démonstration commença.

Quatre jeunes gens s'approchèrent du P. Fourcade, enlevèrent la chaise sur laquelle il était assis et se mirent en marche au milieu des chrétiens, ravis de leur adresse. Tout à coup une jeune fille s'avance, fait une révérence et dit au Père : « *Petit coçon !* » Alors, c'est comme un feu d'artifice ; de tous côtés on n'entend que : « petit coçon, petit coçon, petit coçon » sur tous les tons de l'échelle musicale. Les missionnaires se tordaient de rire ; le héros de la fête riait plus que les autres, se demandant où ces braves gens avaient fait leurs classes. On fit le tour du jardin au milieu de ces charmants « petits coçons » et ce ne fut qu'après la cérémonie que l'on eut l'explication de cet *hosanna* extraordinaire.

Au mois de septembre 1868, le P. Laoüenan fut nommé évêque de Flaviopolis et Vicaire Apostolique de Pondichéry. La cérémonie du Sacre eut lieu le 11 octobre suivant. Cinq évêques y assistèrent : Mgr Charbonneaux, Vicaire Apostolique de Bangalore; Mgr Tissot, de Vizagapatam; Mgr Dépommier, de Coimbatore; Mgr Fennely, de Madras, et Mgr Canoz, de Trichnapaly.

Cette belle fête me donna la *première* preuve du peu de solidité de l'affection des Indiens. Mgr Laoüenan ayant été pendant plus de vingt ans au Collège Colonial, il fut décidé que les élèves de ce collège se joindraient, pour le chant, à ceux du Petit Séminaire. Mais ces derniers s'offensèrent de cet arrangement; des élèves externes voulurent se placer dans la partie réservée aux musiciens et aux chantres; il y eut une terrible poussée, et l'on en vint à jeter des pierres, des fenêtres du dôme, sur les élèves du Collège Colonial !

Le soir, quand je voulus réunir les élèves du Petit Séminaire, ils refusèrent de se rendre à l'endroit désigné. Deux jours après, un petit jardin que j'avais fait à grand' peine devant ma chambre, fut bouleversé, les plantes arrachées, les fleurs broyées, les vases brisés en mille pièces.

Ce jour-là, j'écrivis dans mon journal : « Bonne,

bonne, délicieuse journée. Un jardin est bien peu de chose, mais quand on se dit : Ce jardin a été dévasté par ceux pour qui j'ai quitté ma patrie, ma famille, mes amis, tout, cela est plus cuisant que des coups de rotin. » Après vingt ans, l'impression de douleur que j'éprouvai alors n'est pas encore effacée ; et pourtant, Dieu merci ! j'ai porté d'autres croix et j'ai savouré d'autres ingratitudes.

Mgr Laoüenan ayant appris ce qui s'était passé, me demanda si je quitterais volontiers Pondichéry. Je répondis que je désirais avant tout obéir, mais que je serais heureux d'aller en Mission. Le 24 octobre, je fus nommé missionnaire de Pratacoudy ; mais avant de quitter le Petit Séminaire, j'eus à souffrir un autre de ces « grands petits riens » qui écorchent le cœur sans que l'on puisse leur donner le nom de blessures. Depuis longtemps j'avais une charmante petite perruche qui parlait admirablement. Elle était tout à fait libre et ne venait dans sa cage que pour manger et dormir. Je me proposais de l'emporter comme souvenir des deux ans passés au Petit Séminaire ; mais, quelques jours avant mon départ, la pauvre bête mourut, et tout le monde pensa qu'elle avait été empoisonnée par un élève externe... Hélas ! un de ceux que j'avais le plus aimés. Il faut être *seul*, à deux mille lieues du pays de sa jeunesse, pour comprendre ce que ces peines, presque ridicules, ont de cuisant et de profondément douloureux.

IV

DÉPART DE PONDICHÉRY. — FOURNIMENT APOSTOLIQUE. — ARRIVÉE A PRATACOUDY. — LE P. BRISARD. — MENU. — UN PANIER GRANDIOSE. — ADMINISTRATION DES VILLAGES. — RÉFLEXIONS PHILOSOPHIQUES.... ET AUTRES.

Le 16 novembre 1868, à deux heures du matin, je quittai Pondichéry pour me rendre dans ma mission. J'étais armé de pied en cap, selon l'usage de la Mission : *angui*, longue robe blanche, qui, dans l'Inde, remplace la soutane noire ; *sâlvei*, ou long châle que l'on place sur les épaules les jours de gala ; *pâpâlchis*, babouches rouges recourbées à la *proue*, comme des galères vénitiennes, *pâdacouradous*, sandales de bois ornées d'une cheville que l'on saisit entre le gros orteil et son voisin. Cette dernière chaussure est aussi simple qu'incommode ; elle ne tient au pied que par la cheville, et il faut se résigner à être écorché pendant plusieurs jours avant de s'y habituer. Mais comme le dessous est en forme de voûte, on a l'avantage d'écraser le *minimum* des insectes que l'on rencontre : c'est cette raison d'*humanité* qui a porté les Brahmes à vulgariser cette prodigieuse invention. Ces hommes au cœur tendre veulent bien faire rouer de coups les parias qui cultivent leurs terres, mais écraser une fourmi ou un ver serait, à leurs yeux, un crime abominable.

Selon la teneur du Règlement, « la Procure fournit au missionnaire qui quitte Pondichéry pour la première fois, une monture toute équipée, dont le prix ne doit pas dépasser 35 roupies pour le cheval, et 7 roupies pour les harnais, en tout 42 roupies (une centaine de francs.) J'étais donc cavalier de droit. Mais comme mon voyage devait durer plusieurs jours, et que d'ailleurs j'étais un pauvre écuyer, je partis accompagné prosaïquement d'une lourde charrette à bœufs, destinée à porter mes bagages d'abord et moi-même quand je serai fatigué, de sorte que mon pauvre Pégase commença par le pain blanc.

Je n'ose pas décrire ce triste coursier. Je dois dire cependant qu'il était fort doux.... au repos. Quand je le montais, il prenait des allures martiales; mais dès que j'étais prêt à partir, il changeait d'idée et s'attachait au sol comme un honnête paysan breton. Nous finissions cependant par nous entendre, et je pense qu'il me sut gré d'avoir loué deux bons bœufs pour le soulager de temps en temps. Quand j'étais en selle, je me sentais toujours un peu ému : un cheval a sitôt fait de prendre le mors aux dents ; mais quand j'étais couché sur la paille de ma charrette, j'étais fier d'avoir un tel animal, et ce n'était pas sans une pointe d'orgueil que je me disais, en le suivant du regard : C'est mon cheval, mon cheval à moi, ah ! mais !

Ce fut seulement le 25 que j'arrivai à Pratacoudy. Ce district était alors dirigé par le bon P. Brisard. J'avais déjà vu cet excellent missionnaire à Pondichéry, et ce fut un vrai bonheur pour moi de faire mes premières armes sous la direction d'un tel père. C'est peut-être d'une telle *mère* que je devrais dire, car le P. Brisard était d'une bonté, d'une tendresse vraiment maternelle. Dans un pays où l'on est si peu aimé, il trouvait toutes choses aimables. Tous les Indiens étaient ses enfants, tous les villages une oasis. Je n'ai jamais rencontré un homme s'aimant si peu et aimant tant les autres. Quand il pouvait rendre service à quelqu'un, il avait toujours envie de le remercier. La froideur, l'indifférence, les bouderies des chrétiens ne le décourageaient jamais : dans tous et dans tout il trouvait quelque chose de bon, et le but de sa vie était de rendre ce bon meilleur.

La vie à Pratacoudy ne ressemblait en rien à celle que je menais à Pondichéry. De temps en temps un *cooly* allait à Trichnapaly acheter du pain et un gigot. Mais le gigot ne durait qu'un jour et le pain devenait bientôt dur et verdâtre. En somme, nous n'avions guère que du riz et quelques fruits et herbages dont se nourrissent les Indiens. L'eau même étant saumâtre et fort mauvaise, nous ne la buvions que mélangée à une sorte de petit-lait que je trouvais plus désagréable à boire que l'eau qu'il était censé devoir bonifier. Mais on se fait à tout, et mon estomac eut bientôt signé un traité de paix avec cette nourriture apostolique.

Ne sachant encore le Tamoul que comme un enfant qui commence à bégayer, je me mis à l'œuvre de tout cœur. J'apprenais chaque jour quelques phrases, que je répétais ensuite à tort et à travers. Quand le P. Brisard parlait aux chrétiens, je tâchais de saisir quelques mots, et dès que l'occasion se présentait, je me servais de ce qu'avais appris. A force de persévérance, je pus enfin me faire comprendre et prendre part aux travaux de mon excellent père.

Ce qui me frappa le plus dès mon arrivée, ce fut la simplicité avec laquelle le Père voyageait. A la maison du chef-lieu, nous avions deux tables et trois ou quatre chaises. Mais ces beaux meubles étaient *immeubles* par la force des choses : les tables et les chaises ne se mettent pas facilement en croupe; or, nous n'avions chacun que notre petit cheval, et il n'eût pas fallu songer à ajouter au poids du cavalier. Mais le P. Brisard avait trouvé le joint. Comme son palefrenier l'accompagnait toujours dans ses excursions, et qu'un homme, même Indien, a la force de porter un panier, le P. Brisard trouva moyen de mettre dans un panier tout ce dont il avait besoin. Ce panier était sa bibliothèque, son garde-manger, sa garde-robe, voire même sa cave, quand il avait quelque fond de bouteille à transporter.

Arrivé dans un village, l'*exode* commençait : c'était un défilé grandiose. Deux ou trois soutanes blanches rapiécées servaient de couvercle. Puis apparaissait une paire de savates éculées, puis un pupitre branlant, une barrette couleur vinaigre tourné, des pommes de terre mollasses, du papier jaunâtre, des burettes, une bible qui devait venir de Judas Machabée, des cigares écorchés, un honnête bonnet de nuit, des bananes pour les enfants, un vieux châle de soie, un mors de rechange, un flacon d'ammoniaque, quelques pains avec lesquels on aurait pu lapider un rhinocéros, un petit pot d'encre desséchée, que l'on régalait d'un peu de café quand on voulait s'en servir; enfin les ornements de toutes couleurs, les linges d'autel, cierges, clochette, missel, aube, surplis, étole, etc., etc., etc., etc. Ce panier était comme un globule homéopathique renfermant tout, tout, absolumént tout, mais, là, ce qui s'appelle tout. Seulement, pour le panier, c'était vrai.

Comme nous avions plusieurs villages fort éloignés de Pratacoudy, nous allions de temps en temps y faire l'administration. Parfois nous allions ensemble, mais le plus souvent l'un de nous restait à Pratacoudy. Voici comment se font ces administrations.

Dès que le Père est annoncé, les chrétiens viennent au-devant de lui avec tambours et trompettes. Souvent on étend des toiles sur le chemin conduisant à la chapelle; et comme ces pauvres gens n'en ont pas suffisamment pour couvrir tout le parcours, le Père, arrivé au bout d'une pièce, s'arrête pour leur permettre de l'enlever et de l'étendre de nouveau devant lui. C'est simple et touchant en même temps. Arrivé au pied de l'autel, le Prêtre fait une prière, tandis que les chrétiens chantent le *Salve Regina* ; puis il se rend à la hutte décorée du nom de presbytère, ou bien, s'il n'y a pas d'habitation, il s'installe dans l'église même. Aussitôt tout le monde l'entoure, les enfants demandent des médailles, les grandes personnes font comme les enfants, on donne les nouvelles locales, on cause le plus longtemps possible, puis le travail commence.

Le catéchiste réunit sous un arbre les enfants et les catéchumènes. Le Père écoute les plaintes, juge les procès, met la paix dans les familles. Chaque matin, il fait une instruction générale. Vers trois heures, ceux qui doivent se confesser se rendent à la chapelle. Le catéchiste lit les prières préparatoires et l'examen de conscience. Le Prêtre vient ensuite donner des avis et examiner les empêchements publics. Le catéchiste fait connaître les fautes extérieures graves ; les ennemis se réconcilient en se saluant mutuellement ; le Père impose une pénitence pour réparer les scandales, et quand tout est arrangé, il commence à entendre les confessions. Il y a vraiment quelque chose de sublime dans le spectacle de ces pauvres paysans entourant leur Père, avouant leurs fautes, se soumettant humblement à ses décisions et recevant le pardon au nom du Dieu miséricordieux qui a daigné lui-même évangéliser les pauvres et les petits.

Le Prêtre ne reste dans chaque village que le temps strictement nécessaire pour l'administration.

Aussitôt que tout le monde s'est mis en règle, il reconstruit son panier et part pour recommencer ailleurs.

Certes, tout n'est pas rose dans cette vie errante; mais quand on voit la joie de ces braves gens, on oublie volontiers la fatigue et l'on ne songe qu'à bénir Dieu. Au milieu d'un peuple esclave du démon, voir ce petit troupeau d'âmes amies de Dieu; se dire: ce sont mes enfants, c'est par ma main que Dieu verse sur eux ses grâces et ses bénédictions, c'est ma voix qui leur enseigne la vérité, c'est mon cœur qui les guide vers le ciel; c'est pour eux que je vis, comme c'est à leur service que je mourrai; la croix que je porte est l'étendard qui les mène à la victoire; la sueur de mon front est la rosée qui fait germer les vertus au milieu de ces ronces de l'idolâtrie; un jour ces ignorants seront ma couronne, ces malades seront ma force, ces affligés seront ma joie: tout cela ne vaut-il pas le sacrifice de la patrie et de la famille? Le bonheur des autres n'est-il pas le seul bonheur que l'on doive chercher, puisque c'est le seul qui rende heureux celui qui le procure? Sauver des âmes, n'est-ce pas s'assurer le ciel?

Ces réflexions font la joie du missionnaire, mais c'est une joie absolument intérieure. Il est bien rare de trouver dans l'Inde ce que l'on appelle des *consolations*. J'entends ici par ce mot cet échange d'amitié entre celui qui fait le bien et ceux à qui il le fait, ces relations affectueuses qui s'établissent entre celui qui se dévoue et ceux qui sont l'objet de son dévouement. Si celui qui reçoit l'aumône témoigne de la reconnaissance, celui qui l'a faite éprouve un sentiment de satisfaction qui vaut mille fois plus que ce qu'il a pu donner; quelque sacrifice qu'il ait fait pour obliger, il est plus heureux que celui à qui il fait du bien, et il se dit en voyant ce regard, en entendant ce remercîment : quel plaisir de rendre service, que la charité est consolante quand on la fait à des gens de cœur ! — C'est cette consolation-là que le missionnaire ne trouve à peu près jamais dans l'Inde. L'Indien est doux, simple, patient, mais la reconnaissance n'est pas dans la liste de ses vertus. Assurément il peut aimer et il aime : la mère aime son enfant, l'enfant aime sa mère, le père aime sa famille, les chrétiens aiment leur prêtre. Mais cet amour est toujours subordonné à l'intérêt personnel. Le dévouement absolu, l'amitié pure, la charité qui s'oublie pour soulager les autres, ces vertus sont, je crois, au-dessus de la nature des peuples orientaux. Aussi, ce que nous appelons *intimité* n'existe-t-il pas parmi les Indiens. Dès qu'un enfant peut se passer des soins immédiats de sa mère, il n'y a plus de tendresse entre elle et lui. L'affection naturelle demeure sans doute; mais ces mille petits riens qui se gravent dans le cœur, ces aimables délicatesses qui continuent l'enfance jusque dans l'âge mûr, ces touchants rapports entre la mère et le fils cessent dès que l'enfant se croit assez fort pour se suffire. Si le père meurt, le fils devient aussitôt le *maître* de tous, de sa mère comme de ses frères et sœurs. Le *culte* maternel n'existe que dans les fables de l'Inde ; dans la vie réelle, la mère n'est qu'une vieille femme qui fait cuire du riz.

Mais la vieille femme se venge sur sa belle-fille. Celle-ci est l'esclave de celle-là. Ce que la belle-mère a souffert, il faut qu'elle le fasse souffrir à la femme de son fils. Le mari n'y peut rien : sa femme lui appartient comme épouse ; comme femme, elle est la propriété de sa mère qui l'a lui a choisie. Aussi, il n'y a guère d'exemple de bru aimant sa belle-mère, ni de belle-mère ménageant sa belle-fille. On s'entend plus ou moins pour les besoins du ménage ; on se fait quelques concessions dans l'intérêt général ; mais ce n'est qu'un arrangement, qu'un traité entre deux ennemis naturels.

Rien de plus étonnant pour un Européen que de voir un grand gaillard cheminant les bras ballants sur une route, suivi d'une jeune femme chargée d'un énorme paquet et traînant trois ou quatre enfants après elle. Le premier est le mari ; il se dandine crânement, tout en mâchonnant son bétel ou fumant son cigare, tandis que son épouse épuisée s'escrime à ne pas rester trop en arrière. L'idée ne lui viendra pas, à ce digne époux, de venir en aide à sa malheureuse épouse : il est le maître de la famille, il faut qu'on le sache et qu'on le voie. Lui, porter un paquet ! et la caste ! et l'honneur ! et le sexe ! Arrivé au logis, le *seigneur* commande à sa *servante* de lui apporter de l'eau pour se baigner. Puis il faudra faire la cuisine ; monsieur mangera seul et lentement, servi par sa femme, et ce ne sera que lorsqu'il daignera avoir fini que sa femme mangera ses restes bien humblement. Voilà où en est encore la fameuse civilisation indienne. Le Christianisme seul ose attaquer ces usages barbares. La femme chrétienne se relève peu à peu, sa dignité lui est révélée par l'Evangile. Mais ce progrès est lent au milieu d'un peuple qui n'a jamais connu la liberté ; et puis, l'amour de Jésus-Christ, cet amour qui *presse* les hommes, ne trouve ici qu'un terrain fort ingrat. Le chrétien apprend, il a déjà appris à respecter sa femme, mais il est loin encore de *l'aimer*, de l'aimer en Dieu, pour Dieu, de l'aimer, en un mot, comme lui-même.

Après ce que je viens de dire du manque d'amitié des Indiens entre eux, l'on ne s'étonnera pas si j'ajoute que le Prêtre ne doit compter que sur une affection relative. Comme étranger, il est naturellement méprisé par les païens qui ne peuvent comprendre son dévouement. Pour l'Indien idolâtre, tout Européen est un ennemi. Il admire son habileté, il craint sa force, il s'incline devant ses machines ; mais, au fond, il méprise et déteste le Blanc. Et ce qu'il y a de vraiment étrange, c'est que l'Indien idolâtre hait d'autant plus l'Européen qu'il en a reçu personnellement plus de bienfaits. Le chrétien instruit *fraternise* assez volontiers avec ceux qui lui ont apporté l'instruction ; il se rapproche de ceux qui adorent le vrai Dieu comme lui. Mais le païen qui a fait ses classes sent sa haine du Blanc s'augmenter de toute la hauteur de son ambition. Ces milliers de jeunes gens que les Anglais instruisent, en s'obstinant à *respecter* les démons qu'ils adorent, ces jeunes gens sont infiniment plus éloignés des Européens que le pauvre paysan qui connaît Jésus-Christ et sa doctrine. Même le paysan idolâtre reconnaît du moins un homme supérieur dans le Blanc qui vit de sa sueur; mais le bachelier n'a d'autre maître que le diable, parce que c'est le diable seul qu'il craint. Sans doute, il est plus adroit pour aduler ses chefs; il connaît mieux les expressions qui flattent leur orgueil, ses génuflexions sont plus humbles, il sait mieux s'aplatir pour obtenir ce qu'il désire, mais la haine est dans son cœur; étant parvenu à être quelque chose, il maudit ceux qui l'empêchent d'être tout. Hélas! les gouvernements ne veulent pas comprendre ces choses. Les Anglais restent neutres, et ils ne voient pas qu'ils font de l'Inde un pays comme il n'y en a jamais eu : un pays sans croyances religieuses, un peuple d'athées, qui sera un jour un peuple de tigres si la foi du Christ ne triomphe pas de ce système épouvantable.

Comme je l'ai dit, l'Indien n'est capable que d'un *minimum* d'affection. Or, ce *minimum* ne peut être atteint que par la Religion. Le grec et le latin feront des orgueilleux des Indiens, ils ne nous en feront jamais des amis. L'algèbre leur donnera le moyen de savoir plus vite ce que les Européens leur *prennent*; l'éducation religieuse seule leur montrera ce que le Christianisme a fait de nous et ce que nous pouvons faire par lui. Tant que les Indiens ne seront pas chrétiens, ils seront sauvages : des sauvages sachant lire, écrire et compter; des sauvages allant en chemin de fer adorer leurs trois cents trente millions de dieux (1); des sauvages faisant des journaux et se servant du télégraphe pour se plaindre de leurs chefs; mais des sauvages bien réels, des sauvages toujours prêts à mordre la main qui les nourrit, à briser le cœur qui les aime.

Assurément, les chrétiens sont loin d'être parfaits, mais quelle différence entre le chrétien et le païen ! Le chrétien qui a fait une faute sent qu'il est tombé, et il travaille à se relever ; le païen vit dans la fange et s'y trouve à sa place. Pour le chrétien, le péché est un malheur ; pour le païen c'est un état. Le chrétien glisse, *quoique* chrétien ; le païen demeure dans le cloaque *parce qu'il* est païen. Le Christianisme ne détruit pas la faiblesse; le Paganisme anéantit la vertu.

A propos de faiblesse parmi les chrétiens, je dirai en toute franchise que je n'ai jamais compris pourquoi la plupart des missionnaires, dans leur correspondance, peignent comme des hommes

(1) Ces 330 millions de dieux se divisent en 33 espèces à savoir : 12 soleils, les 2 médecins des dieux, les 11 Routrers, les 8 Vasous. Chacun de ces citoyens forme une classe de 10 millions de petits dieux, ce qui fait la bagatelle de 330 millions.

parfaits les hommes qu'ils évangélisent. Les lecteurs des *Annales de la Propagation de la Foi* et de la *Sainte-Enfance* doivent nous trouver bien heureux de vivre au milieu de tels anges ! Je ne prétends pas faire ici un reproche de l'enthousiasme qui ne voit que le bon côté des choses : c'est le défaut des mères et de tous les cœurs aimants. Mais quand on parle de peuples qui, en somme, ne sont encore qu'à demi-civilisés et à demi-chrétiens, il me paraît peu juste d'en faire des anges et des chérubins. J'ai dit, et c'est pour moi un fait indéniable, que les chrétiens valent infiniment mieux que les païens, mais il n'est pas possible de comparer les chrétiens de l'Inde, de la Chine et, en général, je pense de tout l'Orient, aux chrétiens de l'Europe. Je parle des *bons* chrétiens, car pour les autres j'admets volontiers que les Européens sont capables de plus de mal et que leur chute est plus profonde. Ceci m'entraîne dans une nouvelle digression.

Il n'est que trop vrai que, à certaines époques, dans notre belle France, le dernier des goujats croit pouvoir, en pleine rue, vomir sur un prêtre et sur Dieu même les immondices de son cœur corrompu. Se sentant pourris, ces malheureux veulent qu'on le sache et le crient partout. Qu'un ivrogne passe : ils sourient et le laissent salir à sa guise les rues et les promenades publiques. Mais un prêtre ! un prêtre sur le pavé de tout le monde ! Cela les exaspère comme une injure personnelle ; ils blasphèment, ils hurlent avec fureur, et ils frapperaient si la débauche leur en laissait la force. Cela ne se voit jamais dans l'Inde ; le prêtre n'y est jamais insulté publiquement. Vivant au milieu d'un peuple dont toutes les idées sont le contraire des siennes, prêchant une religion qui ne peut s'établir qu'en renversant tout ce que le païen vénère ; ayant des habitudes, des usages, des manières de parler et de vivre totalement opposées aux habitudes, aux manières d'agir de ce peuple, il est libre cependant de se conduire comme il lui plait ; il peut rester ce qu'il est, dire ce qu'il pense, faire ce que bon lui semble.

Mais en France, la liberté n'est qu'un mot, et un mot, hélas ! qui fait faire bien des sottises et commettre bien des crimes. Si un polisson insulte un homme respectable, personne ne bouge ; les « honnêtes gens » font semblant de lire les affiches ou d'avoir un *scrupule* dans le soulier pour ne pas avoir à intervenir. Mais que celui que l'on attaque veuille se faire respecter et se serve de sa canne pour éloigner le drôle qui le poursuit : oh ! oh ! et la liberté ? et la fraternité ? et les principes ? Les meilleurs trouvent qu'il a frappé trop fort ; les autres le mènent chez le commissaire de police.

De cela, je conclus qu'il y a en France deux peuples : le peuple chrétien et celui qui n'a pas même conservé l'honnêteté relative du paganisme : *corruptio optimi pessima.* Les Indiens lavent leurs idoles avant de se prosterner devant elles ; les païens blancs n'aiment les leurs qu'autant qu'elles sont bien souillées. Le seul mot *propreté* les met en fureur, et ils font une révolution pour obtenir l'agrandissement du bourbier. Il y a près d'un siècle qu'ils creusent, et ils trouvent que ce n'est pas encore assez profond.

J'admets donc que l'Indien corrompu ne descend guère au niveau de l'Européen athée. Mais quand il s'agit du *bon* chrétien d'Europe et du *bon* chrétien de l'Inde, de la Chine ou du Tonkin, je soutiens que le premier est autant au-dessus du second que le ciel est au-dessus de la terre, et que s'il y a des anges parmi les hommes, ce n'est du moins pas dans l'Inde qu'il faut les chercher.

En commençant ce chapitre, je ne pensais guère à *philosopher* comme je viens de le faire. Mais ces réflexions serviront à faire comprendre ce que j'aurai à dire dans la suite des souffrances *réelles* du missionnaire. Le climat, la pauvreté, l'exil, la maladie, ne sont rien, absolument rien auprès des douleurs de l'âme aimante qui, en retour de son dévouement, ne trouve que froideur, indifférence et ingratitude. Voilà la croix, la vraie croix apostolique. La croix attire les âmes généreuses, mais il faut la montrer sans crainte : c'est sur une montagne qu'elle nous est apparue : *levavi oculos meos in montem, undè veniet auxilium mihi.*

V

CARACTÈRE DE L'INDIEN. — AVENTURE D'UN BLANC-BEC. — LA CASTE. — LES PARIAS D'OUTTAMENOUR. — GARIBALDI DANS L'INDE. — EXTRÊME-ONCTION. — UNE VIEILLE RUSÉE. — COUP DE SOLEIL. — JE SUIS ENVOYÉ A GOUDELOUR.

L'Indien est, en même temps, doux et batailleur, fier comme un gascon et timide comme une gazelle, toujours prêt à se jeter sur son adversaire, et ne le touchant jamais. Tant que la caste n'est pas en jeu, l'Indien est patient, ou plutôt impassible. La misère ne l'effraye point. Tant qu'il a une poignée de riz, il est content, la pensée du lendemain ne lui vient même pas. S'il a beaucoup, il mange tout; s'il n'a rien, il serre sa toile et attend que quelque chose arrive. Il faut voir l'Indien au moment de la mort: un Européen allant en diligence au village voisin est plus ému que l'Indien partant pour l'éternité. La honte est inconnue dans l'Inde, toujours en dehors des questions de caste. L'Indien mendie sans la moindre pudeur; il demande quelque chose pour un service rendu comme pour un service *reçu*. Je n'ai pas souvenance d'avoir jamais trouvé un Indien satisfait d'un salaire ou même d'un présent. Si l'on vous demande une médaille et que vous la donniez, vous pouvez être assuré que l'on demandera ensuite une image ou un chapelet. Et si vous donnez l'image ou le chapelet, il est plus que probable que le quémandeur ira jusqu'à la petite pièce de monnaie. Laissez tomber un livre ou votre mouchoir, l'Indien ramasse l'objet et tend la main. Donnez quelque chose à un individu qui ne s'y attendait pas, il demande aussitôt davantage.

On raconte qu'un jeune anglais arrivant dans l'Inde fut reçu par un ami qui était venu l'attendre à Madras. Ils prirent un palanquin et l'on se mit en route. Arrivés à destination, le nouveau venu demanda à son ami ce qu'il fallait donner aux porteurs.

— Donnez-leur dix roupies, répondit l'ancien.

— Dix roupies ! allons donc ! ces pauvres gens qui nous ont porté sur leurs épaules, dix roupies !

— Mon cher, vous ne parviendrez pas à les satisfaire ; croyez-moi, donnez-leur ce qui est leur est dû, pas davantage.

— Eh bien, je parie que je parviendrai à les satisfaire.

— Soit ! parions.

— S'ils sont contents, vous me devrez cent roupies, sinon, ce sera moi qui aurai perdu.

— C'est entendu, faites.

Le jeune homme appela les porteurs, tira solennellement sa grande bourse et leur compta cinquante roupies. . .

Enthousiasme indescriptible, saluts, prosternations; le jeune blanc-bec fut appelé seigneur, roi, père, mère, perle, diamant, divinité. Puis les porteurs se retirèrent.

L'heureux jeune homme triomphait.

L'autre commençait à douter de la valeur de l'expérience.

Tout à coup le chef des porteurs revient sur ses pas, se prosterne à plat ventre devant le généreux bienfaiteur et roucoule d'une voix câline :

— Monsieur, ne pourriez-vous pas, vous qui êtes si bon, nous faire cadeau d'un petit mouton pour notre dîner ?

— Tableau !

Le pauvre diable reçut un coup de cravache, mais le jeune nabab dut ajouter cent roupies à la colonne des faux-frais.

Ce sont là des défauts légers, et l'on se fait à ces excentricités nationales. Après trois ou quatre ans de séjour dans l'Inde, l'on ne s'étonne plus de cette manie de mendier. Quand un Indien vient vous visiter, on sait d'avance qu'il finira par demander quelque chose, et l'on suit avec un certain intérêt les circonlocutions par lesquelles il s'efforce de montrer que sa visite est toute désintéressée. Si l'on fait des achats, l'on se garde bien d'offrir le prix qui paraît raisonnable. On offre la moitié ou le quart de la valeur de l'objet, puis on arrive par degrés à la somme que l'on veut débourser. C'est qu'un marchand indien ne dit jamais le prix vrai de sa marchandise. Il demande cinquante pour cent de plus qu'elle ne vaut ; on offre soixante pour cent de moins, puis cinquante, puis quarante, puis trente, puis vingt... ; le marchand *descend* alors au prix à peu près équitable ; on y *monte* généreusement, et... quatre-vingt-dix-neuf fois sur cent, on est volé. Mais, je le répète, ce sont là des misères auxquelles on s'habitue.

Ce qui est dur, terrible, ce qui brise le cœur, c'est d'avoir à lutter contre ceux que l'on aime de toute la force de son âme, contre les chrétiens pour lesquels on a tout quitté. Ces combats sont ce qu'il y a de plus douloureux dans la vie du missionnaire. L'Indien, si doux ordinairement, devient presque féroce quand il croit les privilèges de sa caste en danger. Les missionnaires connaissent trop bien le pays pour attaquer de front cette institution si ancienne et si fortement enracinée. Ils ne voient dans la caste qu'un arrangement national qui ne disparaîtra qu'avec la civilisation complète et générale. D'ailleurs, aucun Indien ne songe à se plaindre de cet état de choses. Le paria lui-même, si méprisé des Indiens *de caste*, est fier d'être au-dessus des[1] *chakilys* ou savetiers, et il traite ces derniers avec la même morgue qu'il est traité lui-même par les castes supérieures. Ce sont là des scènes de famille dans lesquelles il serait toujours inutile et très souvent dangereux d'intervenir. Mais cette division en tribus ayant toutes des usages différents, et, dans les castes inférieures, se regardant comme plus nobles les unes que les autres, cette division, dis-je, donne lieu à des jalousies, à des tiraillements, à des haines sans fin. Quand cela a lieu entre chrétiens, il faut bien que le prêtre s'entremette pour rétablir la paix. Ces cas sont d'une difficulté extrême. La partie condamnée se révolte souvent contre l'*européen* qui a osé humilier LA CASTE. La fourmilière s'agite, va, vient court sans savoir où elle va, ni où il faut aller. Le prêtre n'est plus qu'un *blanc* ; on déserte l'église pour le punir, on abandonne les Sacrements pour lui briser le cœur. Les têtes se montent, on fait des *meetings* où chacun crie sans savoir de quoi il s'agit ; quelques mauvaises têtes poussent ceux qui voudraient reculer ; souvent les meilleurs chrétiens sont ceux qui font le plus de bruit, parce qu'ils se croient tenus à donner l'*exemple* de la fermeté. Il est rare que ces échauffourées durent longtemps, mais combien elles font souffrir le missionnaire qui voit sa moisson en feu et ravagée par l'ennemi !

Il y avait à Pratacoudy, outre les parias, deux castes qui ne pouvaient s'entendre. Le pauvre P. Brisard était tourmenté par mille plaintes, mille procès, mille difficultés sans cesse renaissantes. Quand il condamnait le n° 1, le n° 2 s'enflammait ; s'il essayait d'éteindre le feu, le n° 1 l'accusait de partialité. A certains moments, les deux numéros se tournaient en même temps contre le pauvre juge, qui se trouvait, par ce fait, accusé des crimes les plus noirs. C'était sur ces *rapides* qu'il fallait maintenir en équilibre notre pauvre nacelle. En vérité, ce n'était ni gai ni facile. A la fin, les deux castes se mirent en tête d'avoir chacune un catéchiste spécial : catéchiste de la caste n° 1 pour les chrétiens du n° 1 ; catéchiste de la caste n° 2 pour ceux du n° 2. L'évêque consulté consentit à cet arrangement.... *pour voir*.

Nous vîmes de belles choses.

Les deux catéchistes lisaient en même temps, pendant la messe, les prières qui leur convenaient. Pour le chemin de la croix, la première partie était lue par l'un, la seconde partie par l'autre : c'était ravissant de variété.

Cependant ce système donna une paix relative. Pendant quelques mois, tout le monde était satisfait, et Pratacoudy devint une fraîche oasis, au grand étonnement de tous ceux qui connaissaient les hôtes de ces bois.

Je profiterai de cette trêve pour raconter les hauts faits des parias, très nombreux dans ce district.

Ces pauvres gens auraient voulu avoir une église à eux, afin d'y être libres complètement, au lieu de se voir sans cesse regardés par les gens de caste comme des hommes gênants et simplement tolérés. Or, il y avait, à trois mille de Pratacoudy, une église grande et belle, près de laquelle ne se trouvait aucun village de *choutres* (gens de caste). Les parias des environs venaient volontiers à cette église, quand il y avait un prêtre. Mais comme elle dépendait de Pratacoudy, la messe ne s'y disait que de temps en temps, c'est-à-dire lorsque les deux missionnaires se trouvaient en même temps au chef-lieu. Quand, au contraire, l'un des deux était en tournée d'administration, l'autre restait naturellement à Pratacoudy et tous les parias des villages environnants devaient y venir le dimanche.

A cette époque, le triste schisme goannais était encore mal éteint. Les prêtres portugais s'imaginent avoir juridiction dans toute l'Inde, et l'on sait que lorsque le Pape Pie IX déclara qu'il n'en était pas ainsi, ils refusèrent de se soumettre et demeurèrent schismatiques jusqu'à la conclusion du Concordat. A l'époque dont je parle, on était sous le régime de ce Concordat, c'est-à-dire que les chrétiens qui se trouvaient soumis aux Vicaires Apostoliques au moment de la proclamation de ce traité ne pouvaient plus passer du côté des prêtres de Goa, et *vice versa*. Mais le vieux levain existait toujours. Plusieurs prêtres portugais acceptaient nos chrétiens quand ils venaient à eux; quelques-uns même leur faisaient des avances. Un de ces malheureux ou de ces misérables avait une église à Trichnapaly, avec juridiction légitime. Mais cela ne lui suffisait pas, et il prétendait ouvertement pouvoir administrer tous les chrétiens, dans tous les villages appartenant aux Vicaires Apostoliques de Trichnapaly et de Pondichéry. On devine quelle tentation c'était pour les mécontents de ces deux vicariats. De temps en temps nous apprenions que des gens que nous n'avions pu admettre aux Sacrements avaient été reçus par le prêtre goannais; d'autres fois c'était des mariages célébrés malgré des empêchements canoniques.

Les pauvres parias, alléchés par cette condescendance coupable, finirent par ne plus savoir de quel côté se tourner. Grâces à Dieu, le plus grand nombre demeurait fidèle ; mais les mauvaises têtes voulurent frapper un grand coup. Ces pauvres ignorants se dirent qu'un prêtre qui admettait tout le monde, sans s'occuper de la conduite ni des empêchements, ferait admirablement leur affaire, et ils résolurent de l'installer à Outtaménour — l'église dont j'ai parlé plus haut.

Un vieillard, ancien serviteur de cette église, avait conservé la clef d'une porte latérale. Le 13 mars 1869, accompagné de quelques écervelés, il entra dans l'église, déclarant qu'il n'en sortirait plus. En même temps, on était aller chercher le prêtre goannais. Celui-ci arriva à Outtaménour le 14, à quatre heures du matin. Le P. Brisard écrivit aussitôt au chef de la police du district, qui se rendit sur les lieux avec plusieurs agents. Le prêtre s'enfuit sans tambour ni trompette ; mais les révoltés refusèrent de sortir de l'église. Le chef de police pria le P. Brisard de venir à Outtaménour. Le Père s'y rendit aussitôt, et il y trouva le P. Pierre qu'il avait fait prévenir. Le chef de police dit aux deux Pères que les Indiens étant en possession, il ne pouvait les faire sortir de force ; mais il leur fit entendre que si, pendant la nuit, ils parvenaient à entrer eux-mêmes, il pourrait alors employer la force contre les intrus.

Le sanctuaire était séparé du corps de l'église par une grande porte ; et derrière l'autel se trouvait une petite sacristie communiquant avec le sanctuaire par un simple passage non fermé, et avec l'extérieur par une porte que les révoltés avaient barricadée en dedans. Ceux-ci, se croyant en sûreté, se retirèrent dans la nef et fermèrent la grande porte du sanctuaire.

Au milieu de la nuit, les deux Pères se levèrent sans bruit, et, après des efforts inouis, ils parvinrent à soulever la porte de la sacristie. Ils enlevèrent doucement les tables, lits et autres meubles placés derrière la porte, refermèrent celle-ci, et se retirèrent sans que personne eût rien entendu ni vu.

Au point du jour, le P. Brisard fit appeler le chef de Police et lui dit gravement: — Je vais entrer dans mon église, dont voici la clef. Soyez témoin et protégez-moi si c'est nécessaire. — En entendant cela, plusieurs révoltés qui entouraient le chef se mirent à rire d'un air narquois: ils pensaient que le Père ignorait l'existence des barricades!

On se rendit aussitôt auprès de la petite porte de la sacristie. Le P. Brisard tira lentement la clef de sa poche, la mit dans la serrure, tourna, et... la porte s'ouvrit majestueusement!... Les révoltés furent tellement abasourdis, qu'ils se retirèrent sans dire mot, et il allèrent se placer aux fenêtres, les pions de police les empêchant d'entrer dans l'église.

Le P. Pierre se disposa immédiatement à dire la messe. Pendant ce temps, le P. Brisard ouvrit la porte du sanctuaire; entra dans la nef, et, se plaçant sur le seuil de la petite porte, il désigna aux pions de police ceux qu'il voulait admettre dans l'église. Une poignée seulement de révoltés étant restés pendant la nuit, ces pauvres diables se trouvèrent bientôt cernés par une foule de chrétiens fidèles; et ils étaient penauds comme des loups pris au piège.

Quand l'église fut pleine, le P. Brisard se revêtit de son surplis, puis il dit : — Mes enfants, cette église ayant été souillée, je vais la bénir avant que l'on commence la messe. Et il se mit à asperger le peuple et les murs d'eau bénite. Puis la grande porte s'ouvrit, le P. Pierre sortit de la sacristie, et la messe commença.

Ce petit essai de garibaldisme n'eut pas de suites sérieuses, sauf pour les sept principaux meneurs qui furent condamnés à trois mois de travaux forcés. Le prêtre Goannais en fut quitte pour vingt-cinq roupies d'amende. Puis les choses reprirent leur train ordinaire. L'année suivante, un missionnaire fut placé à demeure à Outtaménour, et les parias eurent ainsi ce qu'ils désiraient, une église pour eux seuls.

A Pratacoudy, le calme fut bientôt troublé de nouveau par l'esprit brouillon de quelques étourdis plus orgueilleux que méchants. Le mouvement de bascule recommença. Personne ne songeait à se révolter, mais ces récriminations continuelles causaient un malaise extrêmement pénible et nous faisaient souffrir cruellement. Les deux partis écrivaient à l'évêque de longues lettres, le plus souvent anonymes, se plaignant du P. Brisard ou faisant son éloge, suivant qu'ils le croyaient opposé ou favorable à leurs idées. C'est au milieu de ces escarmouches que je faisais mon apprentissage de la vie apostolique.

Comme c'était ordinairement moi qui allais administrer l'Extrême-Onction aux malades, je fus obligé de me défaire de mon destrier fougueux. C'était un sybarite qui n'aimait que l'écurie, et quand il fallait courir à plusieurs milles, à la rage du soleil, il me fallait autant de temps pour l'ébranler que pour faire la course. Je le vendis à moitié prix de ce qu'il m'avait coûté, et je regardai la chose comme une bonne affaire.

Un de mes confrères ayant un joli petit cheval pégou qu'il désirait vendre, j'en fis l'acquisition. Cet animal était doux comme un agneau, mais son allure extrêmement rapide lui avait valu le nom de *Velox*. Il était si bien dressé, que, lorsque je voulais me reposer en route, je le lâchais au milieu des prés, la bride nouée sur le cou. Pour le faire revenir auprès de moi, je n'avais qu'à l'appeler en lui montrant la main fermée. Comme je lui donnais souvent des bananes, il croyait sans doute qu'il s'agissait d'en déguster une, et il venait immédiatement à ce geste.

Les *avastés* (Extrêmes-Onctions) sont, dans l'Inde, un des devoirs les plus pénibles du ministère. Il faut souvent aller fort loin, à toute heure du jour ou de la nuit ; passer par des chemins parfois horribles, sur des sentiers larges de cinquante à soixante centimètres séparant les rizières; entrer dans les champs de riz et patauger dans une boue infecte; traverser des cours d'eau qui, à l'époque des pluies, se changent en torrents, et, surtout, rester parfois des heures entières sous un soleil de 70 degrés. Arrivé à destination, il faut pénétrer dans une hutte d'où s'échappe une odeur nauséabonde. Il est impossible, en Europe, de se figurer ce qu'est une *maison* indienne. Quatre murs de terre, sur lesquels on place quelques bambous; le tout est recouvert d'une paille grossière; une seule ouverture, haute de trois à quatre pieds : voilà dans quelles tanières habitent les neuf dixièmes de la population. Il faut, pour y pénétrer, se mettre littéralement *à quatre pattes*. Dans un coin de cet affreux taudis est étendu un mourant à peine recouvert d'un lambeau de toile, sans oreiller, sans matelas, souvent sans une natte. Il est facile d'imaginer ce qu'éprouve le pauvre *vieil homme* devant ce spectacle. Le malade peut avoir le choléra, la petite vérole, la lèpre : le prêtre s'accroupit auprès de lui, il entend sa confession, lui donne des avis, le console, l'instruit s'il est païen; puis il lui donne l'Extrême-Onction, le Saint-Viatique, s'il peut le recevoir, l'Indulgence *in articulo mortis*, et il sort de cette caverne pour remonter à cheval et affronter de nouveau le soleil avec ses ardeurs ou les ténèbres avec leurs serpents.

Certes, la nature trouve cela dur, et pourtant c'est dans ce ministère si pénible que le missionnaire trouve sa plus grande joie. Un chrétien va mourir dans la paix de Dieu ; une âme va partir pour l'Eternité, munie de l'innocence du repentir; les anges vont recevoir ce frère que le démon attendait ; plus de crainte, plus de combat : le prêtre a sauvé une âme, et quand une âme est sauvée, qu'importe au cœur sacerdotal le soleil et ses ardeurs, les ténèbres et leurs reptiles, la maladie et ses horreurs ?

Un jour, un peu après midi, je fus appelé dans un petit village sur la limite du district. Je chevauchai pendant plusieurs heures à travers champs, car il n'y avait ni route ni sentier dans cette direction. Arrivé au village, les quelques chrétiens qui s'y trouvaient s'empressèrent autour de moi et me demandèrent le motif de ma visite. Je leur dis que j'avais été appelé pour un malade.

— Mais, Père, personne n'est malade ici.

— Ah !

— Oh ! oh, je sais, dit une femme, venez, je vous montrerai la maison.

— Elle me conduisit devant une misérable cahute et se retira en disant : c'est là, Père.

Une vieille femme sortit aussitôt et me salua d'un air triomphant.

— Où est le malade ?

La pauvre vieille sourit malicieusement.

— Père, dit-elle, c'est moi qui vous ai fait appeler. Voyez-vous, depuis longtemps j'avais envie d'une médaille, et, comme je ne puis plus aller à Pratacoudy, je chargeais sans cesse nos gars de m'en apporter une; mais bah! toutes celles que vous leur donniez, ils les gardaient pour eux. Alors j'ai eu la bonne idée de vous faire dire que j'étais malade, parce que je savais bien que vous viendriez pour cela.»

Puis, se jetant à mes pieds, elle se mit à me supplier de lui donner une belle médaille.

J'eus bien quelque envie de me fâcher, mais la figure de cette bonne vieille avait quelque chose de si naïf, que je me mis à rire de son stratagème. Malheureusement — ou plutôt heureusement — je n'avais pas de médailles sur moi; si j'en eusse donné dans ce cas, c'eût été une avalanche d'Extrêmes-Onctions! Mais je dis à la vieille femme que, puisqu'elle ne pouvait plus marcher, elle ferait bien de se confesser. Elle le fit immédiatement, et, à la première occasion, je lui envoyai la médaille de ses rêves.

Une autre fois, je fus appelé auprès d'un malade vers dix heures du matin. C'était au mois de mai, c'est-à-dire au moment des plus grandes chaleurs. Je pris le grand galop; mais malgré la bonne volonté de *Velox*, je ne rentrai à Pratacoudy que vers une heure, avec un coup de soleil selon toutes les règles de la chose. Le lendemain, j'essayai de dire la messe, mais je dus quitter l'autel après le *lavabo* et je fus bientôt en grand danger. Les chrétiens disaient que j'allais mourir, et comme le P. Brisard était absent, je me préparais de mon mieux à partir pour le grand voyage. Mais le bon Dieu m'envoya, en même temps, un médecin et un ami. Le P. Prigent arriva de Vadougarpetty, où il était en train de bâtir un presbytère. Il me donna quelques remèdes; on se mit à bavarder comme on bavarde après avoir été seuls pendant plusieurs jours, et, grâce au vomitif et à la causette, je fus bientôt hors de danger. Quand le P. Brisard revint, il m'engagea à aller passer quelques jours à Vadougarpetty. Je partis avec le P. Prigent. Ce petit voyage de vingt milles me restaura complètement, et quand je revins à Pratacoudy, au bout de quinze jours, j'étais tout disposé à recommencer la lutte avec le terrible Phébus.

Cependant les affaires de Pratacoudy ne s'arrangeaient point. Le pauvre P. Brisard, si bon, si doux, si dévoué, était navré de cet état de choses. Mgr Laoüenan pensant, avec raison, qu'il fallait à de telles gens une main plus ferme et un cœur moins tendre, se décida à retirer le P. Brisard de ce district. Le P. Balcou fut nommé à sa place, et le P. Brisard envoyé à Salem pour le remplacer lui-même. Je reçus moi-même l'ordre de me rendre à Goudelour, et le P. Lap, de Vadougarpetty, vint prendre ma place dans le Guêpier.

Comme je n'ai pas revu Pratacoudy depuis cette époque, je dirai ici que le P. Balcou, Breton à la main de fer et au cœur de bronze, parvint, à force d'énergie, à mater l'orgueil des quelques garibaldiens qui mettaient le trouble dans la chrétienté. D'ailleurs, Dieu se chargea lui-même de punir les plus coupables: la mort fit entendre sa grande voix, et le calme succéda à la tempête.

VI

DÉPART DE PRATACOUDY. — HEUREUSE RENCONTRE. — CONVERSATION SILENCIEUSE. — MATINÉE POÉTIQUE. — TRIVIAR; LE P. ABRAHAM. — *Velox* EN VACANCES. — SUITE DU VOYAGE. — ARRIVÉE A GOUDELOUR. — LE P. BOTTERO.

Je partis de Pratacoudy à huit heures du matin, sur mon brave *Velox* et suivi de mon petit chien *Pily* et d'une charrette à bœufs. A midi, je m'arrêtai sous un arbre pour dîner, et à trois heures je me remis en route. Les charretiers me dirent que nous trouverions pour la nuit un *bangalow*, c'est-à-dire une de ces maisons construites, de dix milles en dix milles, par le Gouvernement, pour l'usage des voyageurs. Ce sont des hôtelleries *sèches*, car on doit y faire préparer ses repas par ses propres domestiques. Il y a seulement un gardien qui est chargé de veiller sur le bâtiment, de le tenir propre et de faire payer une roupie pour les vingt-quatre heures accordées à chaque voyageur.

Vers neuf heures nous aperçûmes une lumière brillant à travers les arbres. Nous nous dirigeâmes de ce côté. C'était en effet un *bangalow*, mais comme il était occupé, j'envoyai mon domestique faire une reconnaissance. A peine avait-il pénétré dans la chambre éclairée, que trois ou quatre lanternes se dirigèrent vers l'endroit où je me trouvais, et j'entendis une voix de Stentor criant à pleins poumons : — *Hallo! who's there? come, come, come in!*

C'était un ingénieur anglais. Il était seul dans ce *bangalow* depuis longtemps, et l'annonce d'un blanc l'avait transporté de joie. Malheureusement ce pauvre blanc ne savait pas l'Anglais, et ces deux Européens se trouvèrent tout d'abord fort embarrassés. Le brave homme me fit dire par son *Butler* ou majordome, que je pouvais m'installer au *bangalow*, qu'il était seul et qu'il serait très heureux d'avoir un compagnon.

Que faire? il était fort tard, il faisait sombre comme dans une mine de charbon, mon cheval était épuisé et j'avais une faim de loup : j'acceptai l'invitation, et je dis en Tamoul à mon domestique de faire cuire le riz. L'anglais comprit cela, et il me fit dire qu'il avait un souper tout prêt et que je n'avais qu'à me mettre à table. J'acceptai encore « à la bonne franquette, » et cinq minutes après j'étais assis devant une table magnifiquement servie. En vérité, je n'ai jamais mangé de si bon appétit.

Le premier verre de bière me donna une excellente idée.

J'avais dans mon sac un manuel de conversation anglais-français ; j'allai le prendre et je l'ouvris à l'article *dîner*. Je montrai à mon hôte la phrase : « Monsieur, vous voyez que je mange et que je bois bien. »

Il lut la colonne anglaise.

— Oh yes, I am very glad of it, etc.

Puis il chercha une phrase anglaise que je lus à la colonne française.

Cette conversation muette était d'un comique parfait, et si nous ne parlions pas, nous riions du moins comme des fous.

Quand mon aimable ami eut pris son grog, il eut à son tour une idée. Il me dit en Tamoul :

D'où venez-vous ?

— Tiens ! — dis-je en fermant mon livre — vous parlez Tamoul ? Mais alors nous pouvons causer !

Et nous causâmes.

En Tamoul, il est d'usage de tutoyer les inférieurs de tout âge et même les égaux. Pour les personnes respectables et, en général, pour tous les Européens, on se sert du pluriel. *Nt* signifie *toi* et *ntngueul vous*. Mon ingénieur n'ayant jamais parlé Tamoul qu'avec son cuisinier, son palefrenier et les paysans des villages où il avait à séjourné pour ses travaux, ignorait cette subtilité de la langue tamoule. Pour lui, il n'y avait qu'un pronom personnel de la deuxième personne : tout le monde était *nt, toi*.

Quand il m'entendit commencer une phrase par *ntngueul*, il se mit à crier :

— *Boy !*

Le domestique arriva, et son maître lui demanda

ce que signifiait *ntngueul*. Le *boy* expliqua que ce mot remplace *nt* quand on s'adresse à des personnes que l'on veut honorer.

— Aôh !

L'ingénieur me fit un salut gracieux, et alors commença une conversation absolument désopilante.

Le *boy* n'avait pas dit que lorsque *ntngueul* est employé au lieu de *nt*, le verbe doit être mis au pluriel. Mon anglais ignorant ce détail se mit donc à m'*honorer* à tort et à travers.

— Vous... viens donc de Pratacoudy, hein ?

— Oui.

Et à quelle heure vous..... es parti ?

— A huit heures.

— Vous... vas à Goudelour ? est-ce que vous... connais cette ville ?

— Non, monsieur; j'y vais pour la première fois.

— Vous... prendras un grog, hein ?

— Non, merci.

— Vous... as été longtemps dans l'Inde ?

— Trois ans seulement.

— Vous... trouves qu'il fait chaud, n'est-ce pas ?

— Il pourrait faire plus frais.

Cette comédie dura jusqu'à onze heures. Les domestiques riaient aux larmes, et je me cramponnais à ma chaise pour ne pas tomber. Mais le brave homme était tellement fier de l'acquisition de son respectable *ntngueul*, qu'il ne s'apercevait pas de la gaîté que causait chacune de ses phrases, ou du moins il devait penser que l'admiration seule de son talent excitait notre enthousiasme.

A onze heures, je demandai la permission d'aller me coucher sur la paille de ma charrette. Mais mon hôte voulut absolument me donner son lit, et je dus me rendre à ses supplications appuyées de *ntngueul* innombrables.

— A quelle heure est-ce que vous... partiras?

— Je compte partir à trois heures du matin.

— *All right.* Et qu'est-ce que vous... veux manger?

— Oh! rien, rien, ne vous dérangez pas pour moi; je mangerai en route, plus tard.

— *All right.* Bonne nuit!

— A trois heures, je me levai doucement pour ne pas réveiller mon excellent ami, à qui j'avais fait mes adieux. Mais dès que j'eus fait un pas dans la chambre, un : *Boy!* formidable éclata, et l'Anglais arriva en costume de nuit, et la mine aussi fraîche que s'il fût sorti du bain.

— *Good morning.* Il faut que vous... vous... vous mange, entends... vous? *Boy! boy! boy! holla! boy!*

En un instant, la table fut couverte de lait, de café, de fromage, de fruits, etc.

Enfin, vers quatre heures, je pris congé de mon ami l'ingénieur, Je m'installai dans ma charrette, et je partis fort ému de cette maison isolée où j'avais trouvé un cœur si généreux.

Vers cinq heures et demie, je demandai à mes

gens à quelle distance nous étions de Triviar où nous devions nous arrêter. Ils m'assurèrent que, si je montais à cheval, j'y arriverais vers sept heures. Une course d'une heure et demie ne m'effrayait pas; je me mis aussitôt en selle, et, suivi de mon petit chien, je partis au galop. A sept heures, je demandai à un Indien où se trouvait Triviar. Il me répondit d'un air étonné : — C'est bien loin d'ici. Mais, dans mon innocence, je me dis que ce ne *pouvait pas* être bien loin, puisque mon propre domestique m'avait dit que j'arriverais à sept heures. Je repris donc ma course, mais je fus près d'une heure sans rencontrer personne.

La route se déroulait devant moi à perte de vue : pas un hameau, pas une cabane.

Enfin, vers huit heures, j'entrais dans un grand village, et je me mis à regarder de tous côtés pour tâcher d'apercevoir l'église. J'étais si assuré d'être à Triviar, que je ne songeais même pas à interroger les personnes que je rencontrais. Mais je ne voyais toujours que des huttes, tandis que je savais que Triviar était une assez grande ville pleine de pagodes et habitée par des Brahmes fort riches. Je me décidai enfin à demander où se trouvait l'église catholique.

— Quelle église?

— L'église de Triviar.

— De Triviar? Mais Triviar est loin d'ici.

— Suis-je sur la route, du moins?

— Oh oui, en suivant toujours cette route vous y arriverez.

Hélas ! ce fut une cruelle déception. J'étais brisé de fatigue ; mon pauvre *Velox* soufflait comme une locomotive, et mon bon petit *Pily* essayait de grimpait le long des jambes de son compagnon. Je sortis du village, puis je descendis de cheval et j'allumai un cigare en guise de déjeuner. *Velox* se mit à brouter et *Pily* se coucha sur l'herbe. Je ne savais quel parti prendre. Attendre mes gens, c'était m'exposer à passer la journée sans manger, car je savais bien qu'une fois débarrassés de moi, ils le prendraient à l'aise, et je n'avais pas la moindre pièce de monnaie. Je me décidai donc à remonter en selle ; j'installai *Pily* devant moi, sur le pommeau, et je me remis en route, tantôt au pas, tantôt au petit trot.

Quelle terrible matinée ! Le soleil me fondait le cerveau, la poussière m'aveuglait, la faim et surtout la soif me tourmentaient. De temps en temps je traversais de pauvres hameaux ; je voyais des bananes en vente, mais que je ne pouvais acheter. Inutile de demander à boire, car je n'avais aucun vase, et les Indiens se feraient tuer plutôt que de prêter leurs misérables pots de terre à un Européen. Et à toutes mes questions on répondait : plus loin, plus loin. Et la route s'étendait toujours devant moi ; et le soleil montait, montait ; et ma tête semblait prête à éclater.

A une heure seulement, j'aperçus les grandes pagodes de Triviar. Je traversai la ville comme dans un rêve. Je demandai l'église ; on m'y conduisit et j'eus le bonheur d'y trouver un confrère indigène, le P. Abraham, arrivé d'une administration quelques heures seulement avant moi.

Quelle joie de trouver un ami *et* du riz après une telle course! Mon brave *Velox* fut aussitôt bouchonné, étrillé, épongé par le palefrenier du Père. *Pily* se mit à gambader, à caracoler et à aboyer de joie, et bientôt toute la *famille* se trouva parfaitement rafistolée, grâce à la généreuse hospitalité du bon P. Abraham.

La charrette arriva enfin vers cinq heures, portant mon aimable domestique tranquillement étendu sur la paille. Le Père se chargea de dire à ce citoyen et au charretier ce que je pensais de leur conduite à mon égard; mais comme ces messieurs avaient bien dîné en route, les reproches ne les émurent que fort médiocrement.

Le P. Abraham devait partir le soir même pour Ayampettey, village de son district, à dix milles de Triviar. Pour ne pas perdre sa compagnie, je me décidai à partir avec lui. D'ailleurs ce village se trouvait sur ma route. Mais le cheval du Père était plus rapide que mon *Velox*, qui, en outre, était déjà fatigué de sa longue course. Quand la nuit fut venue, nous n'avions fait que cinq milles et le P. Abraham qui me devançait se lança tout à coup au triple galop, me laissant dans une obscurité complète. Bientôt il me fut impossible d'avancer, la route n'étant qu'un bourbier dans lequel s'enfonçaient les sabots de mon cheval. Je mis pied à terre pour mieux voir où j'étais, mais *Velox* crut sans doute qu'il s'agissait d'une halte comme celles du matin, et il s'échappa à travers champs! Je me mis à appeler tantôt le Père, tantôt le cheval, mais le premier ne m'entendait pas, et *Velox* aimait mieux brouter que patauger. Je courus à tâtons au milieu de ce bourbier, et j'eus le bonheur de rencontrer *Velox*. Je grimpais sur son dos et je parvins à retrouver la route.

Pendant ce temps, le P. Abraham était arrivé à Ayampettey, et il apparut bientôt, entouré d'une dizaine d'hommes portant des lanternes et des torches. Je lui reprochai de m'avoir abandonné, mais il me dit qu'il avait agi ainsi parce qu'il voyait bien que nous allions nous perdre. Quand je lui racontai l'escapade de mon cheval, il se mit à rire comme s'il se fût agi de la chose la plus réjouissante du monde, et je crois bien qu'il en rit encore, le malheureux!

Je dirai en passant — peut-être pour me venger — que le P. Abraham était surnommé *le terrible*. Son énergie lui avait valu ce nom chevaleresque, mais son cheval n'y avait pas nui, car cet animal était une vraie machine électrique.

Ce fut ce cheval qui lui fit perdre ce titre ronflant.

Dans une course à bride abattue, le cheval s'abattit comme la bride, le cavalier mit trop littéralement « ventre à terre, » et, au lieu de se tuer simplement comme un homme ordinaire, il se contenta de perdre un œil. C'était peu de chose, mais il perdit aussi son nom, et Abraham *le terrible* ne fut plus qu'Abraham *Coclès*.

Je passai la nuit à Ayampettey. Le lendemain j'allai à Combaconam, puis à Chidambram et, le 11 août, j'arrivai enfin à Goudelour.

Le P. Bottero, que je venais remplacer, me reçut à bras ouverts, comme une sentinelle qui voit arriver la garde montante.

Le P. Bottero, né à Chambéry en 1837, est dans l'Inde depuis 1860. Je l'avais connu à Pondichéry pendant qu'il était professeur au Collège colonial. C'est un caractère d'une gaieté inaltérable. Il est fort habile violoniste et j'ai connu peu d'artistes sachant si bien faire *parler* un instrument. Mais aujourd'hui le Père a mis la sourdine à son *Stradivarius*. De violoniste il est devenu linguiste. Au lieu de râcler des notes, il lime des phrases. Il a fait en Tamoul ce qu'Henri Lasserre a fait en Français : un bijou. Sans traduire « Notre-Dame de Lourdes, » il a élevé la belle langue tamoule à la hauteur de la belle langue française, et son ravissant ouvrage restera dans l'Inde comme celui d'Henri Lasserre restera partout.

VII

LA LANGUE ANGLAISE. — LE SERGENT MARTIN. — LA « FIÈVRE DE LA PAROLE PUBLIQUE. » — LES IRLANDAIS. — UNE FAUTE BIEN RÉPARÉE. — LES « CORNS A CHAPEAU. » — UN ILLUSTRE PORTUGAIS. — GRAND ORCHESTRE. — LA FRANCE EN EXIL. — TAPAGEURS ! — LE P. RENEVIER ET LE COLLÈGE DE MANDJACOUPAM.

Goudelour était pour moi plus qu'un nouveau poste, c'était presque un nouveau monde. Je savais juste assez de Tamoul pour me *tirer d'affaire*, et il me fallait me mettre immédiatement à apprendre l'Anglais. Goudelour, en effet, est une ancienne station militaire; il n'y avait plus de troupes depuis quelques années déjà lorsque j'y arrivai, mais plusieurs soldats en retraite s'y étaient établis avec leurs familles. Tous ces vieux militaires étaient Irlandais, et je ne pouvais, par conséquent, exercer mon ministère parmi eux qu'en étudiant la langue anglaise.

Je me mis à l'œuvre avec ardeur, car j'avais hâte de pouvoir comprendre ces braves gens et en être compris. Un bon vieux sergent venait presque tous les jours passer une heure au presbytère. Pendant la journée, je préparais un certain nombre de phrases qui faisaient tous les frais de ma conversation. Mais, grâce à l'excellente méthode Robertson, je mettais ces petites phrases en tant de *sauces*, que le brave sergent Martin se figurait que je causais réellement, tandis que je ne faisais que répéter une vingtaine de mots. Quant à ce qu'il disait lui-même, j'avoue que le plus souvent je n'en avais pas la plus légère idée. Il paraissait toujours avoir une poignée de fèves sèches dans la bouche, de sorte que je n'entendais qu'un craquement sourd comme celui d'un moulin à café mal graissé ! Quand le bonhomme riait, je me tenais les côtes en faisant : Oh oh oh ! Quand il avait l'air ému ou triste, je faisais : Ah ah ah ! — Bientôt je pus glisser un « of course » puis un « indeed ! » puis un « really ? » Et Martin disait à tout le monde que je parlais l'anglais « quite fluently. »

Deux mois après mon arrivée, je pus entendre les confessions de mes Irlandais. Mais ce ne fut qu'au bout de quatre mois que je commençai à prêcher dans leur langue. Pendant plus d'un mois, je préparai un sermon en prenant des phrases dans différents livres ; je marquai la prononciation en chiffres, d'après le système Robertson ; j'appris tout cela par cœur ; et, enfin, pour Noël, à la messe de minuit, je récitai ma leçon sans la moindre hésitation. Cela me donna un tel courage, que, dès lors, je me mis à prêcher alternativement en Tamoul et en Anglais. Dès le dimanche, je commençais à composer mon sermon pour le dimanche suivant. C'était un travail fort pénible, surtout pour l'Anglais dont la prononciation est si horriblement difficile. Dès que mon petit sermon était fait, je l'apprenais par cœur, le répétant plusieurs fois par jour, et me levant même quelquefois la nuit pour voir comment commençait « le paragraphe suivant. » La nuit du samedi au dimanche était surtout pénible. J'avais l'esprit *farci* de mots baroques ; j'essayais de voir l'ensemble de mon discours, et tout semblait se brouiller dans ma tête. Même dans mon sommeil, je cherchais le fil des idées ; je rêvais que j'étais à *quia*, je m'agitais comme un naufragé qui essaie de saisir une planche, et je m'éveillais brisé de fatigue et d'émotion.

C'était bien pis encore le matin avant la messe. Mon cœur battait comme s'il se fût agi d'une exécution capitale. Une voix — je crois bien que c'était celle du diable — me cornait aux oreilles : — Tu n'es pas prêt ; tu n'y arriveras pas ; attends à dimanche prochain ! — C'était une tentation aussi régulière que le lever et le coucher du soleil. Mais je m'entêtais ; je me disais : Je ferai toujours le signe de la Croix, puis on verra ! — Dès que j'avais fait le signe de la croix, le calme revenait, les mots prenaient l'alignement, les phrases se déroulaient d'elles-mêmes, et, grâce à Dieu, j'ai toujours pu achever mes sermons sans aucun embarras.

Peu à peu, les phrases apprises avec tant de peine se gravèrent dans mon esprit ; je m'exerçais sans cesse à me servir de ce que savais, et je parvins enfin à pouvoir prêcher sans apprendre par cœur, me contentant de préparer de mon mieux les idées que je voulais exposer.

La chrétienté de Goudelour se composait des familles irlandaises dont j'ai parlé, d'un certain nombre de métis et de parias. J'étais, en outre, chargé de quelques villages, que j'allais visiter de temps en temps.

Les Irlandais étaient tous d'excellents catholiques. Chaque soir, ils se réunissaient à l'église pour dire en commun le chapelet ; puis les jeunes filles chantaient un cantique, que j'accompagnais sur l'harmonium, et l'on terminait par la prière ordinaire. Cette réunion quotidienne était extrêmement touchante. Tous ces vétérans entourés de leurs enfants, ces voix rauques entremêlées de voix argentines, ces cantiques naïfs dont le refrain était répété par tous avec un entrain militaire, tout cela me réjouissait et me faisait oublier mes fatigues et mes peines : c'est, je crois, le plus doux souvenir de ma vie dans l'Inde.

Le dimanche, je faisais le catéchisme. Tous les enfants, sans exception, et la plupart des parents y assistaient. Souvent, quand j'interrogeais un bambin qui hésitait à répondre, son père se levait et répondait gravement pour lui.

Ces hommes si profondément religieux avaient cependant à lutter contre un terrible défaut, le défaut *national* des Irlandais. De temps à autres, j'apprenais qu'un de ces *grognards* s'était laissé prendre aux attraits du whisky ou du gin — cela arrivait ordinairement les jours de solde et surtout à l'époque de Noël; — je mandais alors le coupable et je lui reprochais sa faute. Il l'avouait humblement, promettait de se corriger, et il tenait sa promesse pendant un temps plus ou moins long.

Un jour, un de ces vieux *pensioners* arriva chez moi avec son fils qui se préparait à la première communion. Il plaça l'enfant à sa droite, puis se jetant à mes pieds: — Père, dit-il, je viens demander pardon à Dieu, à vous et à mon fils. Malgré vos bons avis, je me suis oublié, et mon enfant m'a vu réduit à l'état de brute. Pendant que vous le préparez à sa première communion, voilà la leçon que lui a donnée son père. Priez Dieu de me pardonner ce crime; pardonnez-moi vous-même; — puis se tournant vers son fils, il ajouta en sanglotant: Mon enfant, je vous demande pardon du scandale que je vous ai donné.

Cette scène sublime me bouleversa. Je me mis à pleurer en relevant cet homme de cœur, et je lui dis: — Mon ami, une faute expiée si noblement est déjà pardonnée. Votre fils oubliera votre faute, mais qu'il se souvienne tous les jours de sa vie de ce qu'il vient de voir et d'entendre.

Je dois ajouter que ce chrétien généreux tint la promesse qu'il m'avait faite, et que jamais je n'eus aucun reproche à lui faire après son admirable *meâ culpâ*.

Les métis étaient peu nombreux dans ma paroisse, et, sauf quelques exceptions, leur conduite était fort régulière. On donne ce nom de *métis* aux personnes de sang mélangé ainsi qu'à leurs descendants. Les Anglais les appellent *East-Indians* ou *Eurasians* et les Français de Pondichéry *gens à chapeau*, comme si le chapeau indiquait nécessairement la qualité du sang humain !

En face de mon presbytère habitait une famille de métis. Le père était rond comme une boule et gai comme un pinson. Il descendait en droite ligne d'un Portugais illustre et fort riche. Tous les Portugais, ce semble, sont riches et illustres ; leurs descendants sont toujours pauvres, il est vrai, mais ils n'oublient jamais l'illustration et l'opulence de leurs ancêtres. Comme je n'ai connu que des descendants, je ne puis garantir la richesse ni la gloire des ancêtres ; mais tous les descendants étant d'accord là-dessus, il est propable que le Portugal n'a jamais envoyé dans l'Inde que des Crésus et des Alexandres.

Ce brave homme était employé dans un bureau du Gouvernement. Il avait des enfants de tous les âges, de tous les sexes et de toutes les teintes ; mais tous étaient musiciens comme leur père. Le fils aîné était le plus habile par droit de naissance. Chacun cependant avait un grain d'excellence dans son genre, selon qu'il s'agissait de musique instrumentale ou vocale, Le père battait la mesure à coups d'archet et à coups de pied, suivant les passages. Tous les fils faisaient *premier violon*, étant tous trop habiles pour passer au second rang. Les filles chantaient, et les bébés applaudissaient en hurlant.

Il fallait entendre ces sons stridents, ces ritournelles égrillardes, ces flonflons grandioses, ces fioritures à perte de vue, ces rigodons échevelés, ces *pizzicato* à pleine main, ces *crescendo* à pleine gorge, ces bourrées sans nom et ces cachuchas sans fin !

Le père suait, trépignait, raclait et chantait en même temps ; les archets dessinaient dans l'air des arabesques fantastiques ; les voix montaient, tremblotaient, nasillaient ; puis, à un point d'orgue, quand tous les instruments et toutes les voix s'arrêtaient tendrement sur une note à effet, les bébés se mettaient à piailler ou à hurler : Papa! Le chef d'orchestre lançait un coup d'œil féroce, les archets cinglaient l'air comme des fouets, les voix disaient chut ! à la cantonade, et le charivari continuait.

Ces jolies scènes se répétaient à peu près tous les soirs.

Vers dix heures, les violons rentraient dans leurs boîtes ; puis le papa, la maman, les enfants petits et grands faisaient la prière en commun, et toute la famille allait prendre son repos.

Le dimanche, toute la troupe, en grand costume, venait exécuter à l'église des morceaux *ad hoc* ; les bébés seuls étaient dispensés de faire leur partie avec les musiciens : ils savaient bien la faire ailleurs !

La musique dont je viens de parler n'avait rien de suave, mais enfin c'était à peu près de la musique, et, sauf les coups de pied du papa pour marquer la mesure, j'étais heureux d'avoir ces braves gens pour relever les cérémonies de l'église.

Mais les parias trouvaient cela trop flasque.

Douze ou quinze de mes paroissiens se déclarèrent artistes et il fallut leur permettre de se faire entendre pour les grandes fêtes. Ils se partagèrent (en tirant au sort, je suppose) des clarinettes, des flageolets, un cornet à pistons et des tambours. Les jours de gala, ils s'installaient à la porte de l'église, et, sans s'inquiéter de l'orphéon, ils essayaient de jouer : *Il a des bott's Bastien*, *L'pied qui r'mue* ou même la *Marseillaise*. Pendant ce temps, les autres chantaient tranquillement leur plus beau *Kyrie*, en forçant seulement un peu la note pour ne pas se laisser noyer dans la cacophonie de « ces gens-là. »

Ah ! comme je pensais à la France au milieu de ce tintamarre sans nom ! La France avec ses belles cérémonies, ses chants harmonieux, ses grandes orgues qui pleurent comme les âmes, qui rient comme les anges et qui tonnent comme Dieu ; la France avec ses fleurs, avec sa gaieté, avec sa foi ! Mais le missionnaire qui porte Dieu dans son âme, porte la France dans son cœur. L'exil forcé ne tue jamais l'amour de la patrie ; l'exil du dévouement le nourrit et le rend mille fois plus vivace. On se plie aux usages des peuples que l'on veut sauver ; on se fait tout à tous pour gagner tout le monde à Jésus-Christ : mais dans l'Inde comme en Chine, au Tonkin comme au Japon, sous les tropiques comme aux pôles, partout on porte la patrie, partout on l'aime, partout on travaille à la faire aimer.

Je me dédommageais de l'agacement causé par la musique dont je viens de parler en jouant, pour mon compte personnel, de mon petit harmonium. Outre celui sur lequel, comme je l'ai dit, j'accompagnais les cantiques du soir, j'en avais un plus complet, qui était et qui est encore pour moi un ami intime. Les Indiens préfèrent le tambour à cet instrument auquel il manque un jeu de grosse caisse. A Pondichéry, les élèves du grand séminaire connaissent et goûtent la musique européenne, mais dans l'intérieur du pays, les accords les plus doux laissent tout le monde insensible, et je n'ai jamais pu exciter un mouvement d'admiration qu'en mettant les deux bras sur le clavier et en soufflant de toute la force de mes pieds.

Le peuple indien, d'une nature si douce, est cependant un peuple essentiellement tapageur. S'il est gai, boum, boum, boum ! s'il est triste, pan, pan, pan! Pour un enfant qui naît, tambours et trompettes; pour un jeune homme qui se marie, trompettes et tambours; pour celui qui meurt, tambours trompettes, trompettes et tambours. La vie pour les Indiens est un roulement de grosse caisse. Pour les fêtes païennes, les villes et les villages sont envahis par des bandes de polissons qui parcourent les rues, de neuf heures du soir à six heures du matin et de six heures du matin à neuf heures du soir, en frappant sur leurs tambours comme des forgerons enragés. Les Indiens n'aiment guère la chair des animaux, mais ils font un terrible usage de leur peau ! Les Européens détestent ce vacarme, mais ils laissent faire. Il y a des impôts sur les maisons, sur les terrains, sur les voitures, sur les armes, sur tout; mais les tambours peuvent circuler, ronfler, mugir, tonner: affaire de religion, chut! la loi se tait et écoute. Faisons comme la loi.

J'étais seul à Goudelour; mais à trois milles se trouvait le P. Renevier, chargé, en même temps, de la paroisse de Mandjacoupam et de l'Ecole anglaise qu'il venait d'y établir. Après avoir passé sept ans au Collège colonial de Pondichéry, le P. Renevier avait été envoyé là par Mgr Godelle pour commencer, à peu près sans argent, une œuvre qui exige avant tout des ressources pécuniaires. On lui dit: Nous n'avons qu'une vieille maison à Mandjacoupam; faites-en un beau collège. Cette maison, fort délabrée, était en location pour trente roupies par mois. On renvoya le locataire, et le Père se mit à apprendre l'Anglais. Quand il put se faire comprendre, il se déclara Principal de l'Institution Saint-Joseph.

C'est énorme d'avoir un Principal, mais il faut quelque chose de plus.

Quelques frères de Bangalore furent appelés comme professeurs. Une dizaine d'élèves se firent inscrire, puis une vingtaine, puis une cinquantaine, et aujourd'hui il y en a près de six cents.

Dans les premiers temps, le P. Renevier faisait l'administration de Goudelour. Le dimanche, il disait la messe à Mandjacoupam, puis il allait la dire à Goudelour. Pendant la semaine, il s'occupait surtout de l'Ecole, mais il lui fallait souvent s'absenter pour aller administrer les villages environnants, donner l'Extrême-Onction aux malades, faire le catéchisme, entendre les confessions, etc.

Mgr Godelle voyant que le Père s'épuisait à mener de front tant de travaux pénibles, envoya le P. Bottero à Goudelour, et le P. Renevier ne garda que le Collège et la paroisse de Mandjacoupam.

Les Anglais avaient aussi une Ecole, dans un magnifique local, avec d'excellents professeurs. Mais, selon l'usage du Gouvernement, c'était une école dont Dieu était exclu. Les chrétiens et les païens étaient là pêle-mêle, ne s'occupant que de littérature et de mathématiques, sans qu'il fût permis aux professeurs de dire un seul mot de religion. D'ailleurs, la plupart des maîtres étaient eux-mêmes païens et le Principal était protestant.

C'est surtout pour éloigner nos enfants catholiques de ce foyer d'indifférence religieuse, sinon d'athéisme, que le Collège de Mandjacoupam fut fondé. Dieu bénit cette œuvre au delà de toutes les espérances. En quelques années, l'Ecole catholique fut à la hauteur de celle du Gouvernement ; plusieurs élèves passèrent d'excellents examens et obtinrent les grades universitaires ; le Gouvernement anglais vint lui-même généreusement à l'aide de la Mission, et enfin le Collège fut agrégé à l'Université de Madras.

A ce propos, je ferai remarquer que les Anglais, loin de tracasser les écoles catholiques, les soutiennent, au contraire, absolument comme celles dirigées par les ministres protestants et par le Gouvernement lui-même. Des inspecteurs vont, de temps en temps, visiter toutes les écoles et collèges qui reçoivent des secours ; ils examinent les registres de présence, s'assurent que les classes sont faites convenablement, interrogent les élèves et donnent des avis aux professeurs. Mais là se borne leur ingérence. Chaque Directeur d'Etablissement est absolument libre de suivre la méthode qu'il préfère, de choisir les livres qu'il juge les plus convenables, en un mot, de donner à son école ou à son collège la direction qu'il lui plait. Le Gouvernement se contente de faire connaître les matières qui doivent être présentées pour les examens officiels. Il publie un « text-book, » c'est-à-dire un choix de morceaux littéraires, prose ou vers, pris dans les meilleurs auteurs ; les élèves qui se présentent aux examens ont à expliquer le texte d'après les idées de l'Etablissement auquel ils appartiennent. Le Jury d'examen est composé de protestants, de catholiques et de païens. Il n'y a que des examens écrits, et les examinateurs ignorent absolument à quel Etablissement appartiennent les élèves dont ils ont à juger les réponses.

Quand une école est déclarée par l'Inspecteur être dans de bonnes conditions, le Gouvernement lui accorde un secours, ordinairement la moitié des dépenses totales. Et pour obtenir ce secours, il n'est jamais nécessaire de cacher ses convictions religieuses, de sacrifier la foi des enfants à l'intérêt matériel de l'école. Sans doute, il n'est pas possible de faire tout ce que l'on désirerait, puisque la majorité des élèves se compose le plus souvent d'enfants païens ou musulmans, qu'il serait aussi imprudent qu'inutile de vouloir convertir directement. Mais cela est laissé à la discrétion du directeur, et le Gouvernement lui laisse la liberté la plus entière. D'ailleurs, les élèves chrétiens sont instruits de la manière la plus complète sur tout ce qui regarde la religion. Pendant les classes d'instruction religieuse, les autres élèves sont libres de se retirer ou de demeurer. Ils peuvent même, s'ils le désirent, prendre part aux examens, et je pourrais citer un grand collège catholique où le premier prix d'Instruction religieuse fut, l'année dernière, remporté par un enfant païen ! On le lui donna sous un autre titre, mais ce fait montre que la vraie liberté vaut mieux que les chaînes dites libérales dont on veut aujourd'hui faire un « droit de l'homme. »

VIII

AMI ET PROCUREUR. — UNE APPARITION NOCTURNE. — REMÈDE CONTRE LE MAL DE DENTS. — JONGLERIE. — DIABLERIE. — EFFETS DU PAGANISME. — LES SERPENTS.

Chaque semaine, j'allais passer une journée chez le P. Renevier. C'était toujours une fête pour moi de revoir cet excellent ami, et parmi les souvenirs agréables de ma vie, celui de ces causeries hebdomadaires est certainement un des plus doux.

Aujourd'hui, le P. Renevier est Procureur.

Ceux qui ne l'ont connu que depuis son élévation — ou sa condamnation — ne peuvent se figurer ce qu'il y a en lui de bonté, de charité et de tendresse fraternelle. Le *sentiment* n'habite guère au milieu des caisses et des paquets ; le grand-livre n'est pas un herbier, et Flore ne s'est jamais baignée dans les flots d'argent d'un coffre-fort. Et puis, le P. Renevier, qui avait trente-quatre ans en 1869, en a au moins *soixante* en 1886, quoique son acte de naissance n'en accuse que cinquante-un. Le Procureur, qui fait vivre tout le monde, vieillit aussi pour tout le monde, et pendant que ceux qui reçoivent n'ont qu'un an de plus au bout de douze mois, celui qui donne paraît en avoir trois ou quatre.

Mais à l'époque dont je parle, l'aimable franc-comtois avait encore toute la fraîcheur de la jeunesse; le *doit et avoir* n'avait pas oblitéré la tendresse de son cœur; il voyait dans la vie autre chose qu'un alignement de chiffres, et quand j'arrivais chez lui, il ne songeait pas à me demander si j'avais un connaissement, ni à inscrire sur son registre les « fret et frais » de mon expédition. Quelles bonnes journées je passais dans cette maisonnette de Mandjacoupam! quel plaisir j'avais à apprendre les nouvelles de la semaine, à visiter l'école naissante, à raconter mes peines et mes joies! Et quand, le soir venu, je retournais à Goudelour, combien je me sentais plus courageux, plus fort, plus ardent au travail!

Derrière ma maison était une *vérandah* terminée par une fenêtre s'ouvrant sur la rue. Juste en face de cette fenêtre se trouvait une maisonnette qu'on appelait la *Maison du Diable.* Elle était habitée par un païen que l'on disait avoir des rapports avec le démon. Une nuit, je fus réveillé par un chant monotone venant de cette maison. Je me levai, et, après m'être promené quelques instants sous la *vérandah,* je m'arrêtai devant la fenêtre et je vis le païen accroupi auprès d'une petite lampe et lisant dans un vieux bouquin, ou plutôt chantonnant, suivant l'usage indien. Tout à coup une forme humaine, mais noire comme le charbon, apparut à quelques pas du lecteur. Celui-ci se jeta par terre à plat ventre, en continuant ses *mantrams.* L'apparition demanda d'une voix sombre : — Pourquoi m'as-tu appelé ? — Je ne pus saisir la réponse du païen, mais il parlait comme un homme épouvanté, toujours prosterné sur le sol. Au bout de quelques minutes, la grande forme noire, que je ne quittais pas des yeux, s'évanouit subitement sans que je lui eusse vu faire un seul mouvement.

Voilà, je pense, un cas de magie véritable. Mais en général, la sorcellerie de l'Inde n'est qu'un pur chantage, dont de pauvres hères, n'ayant le diable que dans leur bourse, se servent pour attraper le vulgaire ignorant. A ce sujet, je raconterai un trait qui montre l'habileté vraiment extraordinaire des prétendus sorciers indiens.

Il y a quelques années, comme je souffrais d'un mal de dents qui résistait à tous les remèdes, un de mes voisins, païen fort riche, promit de me guérir, si je voulais suivre une prescription que lui avait apprise un médecin indigène. Sur son assurance qu'il ne s'agissait d'aucune observance superstitieuse, je consentis à me laisser *traiter*.

Le guérisseur fit un trou dans la terre; il demanda une moitié de coco, la perça au milieu et y adapta un long tuyau. Puis, ayant fait chauffer un vieux coutelas, il le plaça en travers sur le trou, versa dessus un peu de beurre et une pincée de graines d'aubergine sauvage (*Solanum Jacquini*), mit le coco sur le tout, le lutta avec de la bouse de vache, et me dit de saisir le tuyau entre les dents, comme une pipe, et de cracher dedans sans façon. Au bout de quelques minutes, le coco fut enlevé, et le

fond du trou se trouva tapissé de petits vers filiformes *à deux queues!* L'opérateur triomphait.
— Voilà la cause du mal! s'écria-t-il; ces petits vers vous rongeaient les gencives: vous êtes guéri! Quant à moi, j'étais parfaitement abasourdi, et je ne pouvais me lasser de contempler ces petits monstres qui avaient si longtemps vécu de ma substance...

Pendant quelques jours, je me crus guéri, car je n'éprouvais qu'un sentiment de cuisson que j'attribuais à la fumée que j'avais humée lors de l'opération.

Mais le mal revint. Je parlai au docteur anglais du remède indien; il me conseilla de recommencer et promit de venir lui-même assister à la séance. Le lendemain, en effet, en présence du docteur, l'opération vermifuge ou *vermicide* fut renouvelée. Le résultat fut le même. Le docteur Parker trépignait de joie à la vue de ces jolis vermisseaux; il en mit un dans le microscope et l'examina attentivement. Ses bras s'agitaient de plaisir: — Pas de doute! voyez donc le petit citoyen, ah! ah! ah! — Il me pria de lui donner quelques-uns de ces charmants petits vers, et il partit enchanté de cette merveilleuse expérience.

Après le départ du docteur, je me mis à recueillir toutes les pauvres bestioles restées au fond du trou. J'en trouvai une sortie à moitié seulement de la petite graine. — Tiens, tiens, tiens! une idée méchante me traversa l'esprit. Je rappelai l'Indien, je le priai de recommencer l'opération, et quand tout fut prêt, au lieu de mettre le tuyau dans la bouche, je le couvris simplement de mon pouce. L'Indien se fâchait. Au bout de trois ou quatre minutes, j'enlevai le coco, selon la formule, et le fond du trou se trouva plein de... petits... *vers* ! — Tableau. — Ce fut une révélation. Je me mis aussitôt à écraser sur l'ongle des graines à demi-brûlées, et chaque fois le petit *ver* apparaissait. Ce ver magique était tout simplement le *germe* que la chaleur poussait hors de l'enveloppe !

Mon pauvre diable de païen était confondu. Je profitai de l'occasion pour lui glisser quelques bons avis sur la manière dont les chefs du paganisme trompent ceux qui les écoutent, et il s'en alla en disant : *appadi tânô ?* (c'est comme ça ?)

J'écrivis ensuite au docteur pour lui faire part de ma découverte. Le brave homme fut sans doute fort désappointé, car il ne répondit pas à ma lettre et il ne revint plus me voir.

Il est certain que les Indiens sont d'habiles jongleurs. Sans boîtes à double fond, sans théâtre préparé d'avance, la poitrine et les bras nus, l'artiste indien fait des tours qui valent bien ceux des meilleurs prestidigitateurs d'Europe. Il met en terre un noyau de mangue, le couvre d'un mauvais panier, fait quelques simagrées, et, le panier enlevé, on aperçoit un petit arbre en miniature portant des fleurs et des fruits. — Il tire un énorme serpent d'un vase de terre, le fait danser au son de sa flûte de bambou ; puis il le roule comme un paquet de corde, le met sous son panier, et après avoir marmotté quelques *mantrams*, il lève le panier, et le serpent n'est plus qu'une vieille peau desséchée. Le petit panier est présenté aux spectateurs et passé de main en main. L'escamoteur remet la peau sous le panier, et le serpent reparaît vivant et rentre dans le vase de terre pour aller se dessécher ailleurs !

Ce qui étonne surtout dans ces tours, c'est la simplicité avec laquelle ils sont exécutés ; le magicien n'a pas même la ressource de détourner l'attention par son bavardage, car ces sortes de gens parlent ordinairement une langue que personne ne comprend. Le peuple est persuadé que tout cela se fait par l'intervention du démon, et il faut avouer que la mine de ces jongleurs prête généralement à cette idée. Mais il est clair que le diable n'est pour rien dans ces sortes de tours : c'est affaire de prestesse et d'habitude, rien de plus.

Je suis loin d'affirmer cependant que l'intervention diabolique n'existe pas dans l'Inde. Je crois, au contraire, que beaucoup de païens sont en communication directe avec le démon. Ils ne s'en servent pas pour ces représentations puériles, mais il me paraît incontestable que plusieurs parviennent par leurs sacrifices à se mettre en rapport avec l'ennemi du genre humain. Ce qu'il y a d'ailleurs de plus désolant en tout cela, c'est que les malheureux qui vont consulter les devins ou les fourbes qu'ils regardent comme tels ont réellement l'intention d'honorer le démon. Dans les mariages, les funérailles, les transactions commerciales, en un mot, dans tous les actes tant soit peu importants de la vie, l'Indien s'adresse au diable pour obtenir ce qu'il désire. Voilà ce qui fait de l'Inde un pays d'ilotes sans courage, sans patriosme, sans affection vraie et durable.

Le païen est bien réellement l'esclave de Satan; il l'adore parce qu'il en a peur, tandis qu'il néglige le vrai Dieu parce qu'il le sait souverainement bon. Cet état de choses est toujours triste dans un particulier : dans une nation, c'est un affreux malheur. Les Européens s'étonnent et s'irritent de ne rencontrer dans l'Inde que des natures serviles, sans élan, toujours prêtes à mordre la main qui les flatte et à lécher celle qui tient le fouet. Ma conviction profonde est que le paganisme est la seule et vraie cause de cet abaissement. L'Indien, habitué dès l'enfance à ne voir dans les êtres surnaturels que des puissances capables de nuire, en vient à ne plus croire à la bonté désintéressée. Convaincu que le démon n'est propice qu'à ceux qui lui offrent tel ou tel sacrifice, il croit ne pouvoir obtenir une faveur qu'en échange d'une offrande de cocos, de lait, d'une poule, etc. Dans aucun cas, la simple prière d'un cœur pur ne lui paraît une recommandation suffisante. Ce principe une fois posé, n'est-il pas naturel qu'il l'étende à l'homme lui-même et qu'il ne voie dans la bonté qu'une chose qui s'achète, mais qui ne s'obtient jamais gratuitement? Aussi, tant qu'un Indien craint que quelqu'un puisse lui nuire, il est soumis, doux, humble, patient. S'il vient à découvrir que le danger n'existe pas, il se relève aussitôt fièrement, devient insolent et mord sans crainte après avoir caressé sans amour. Un proverbe tamoul peint bien cette double manière d'agir : — *Iettinâl, coudoumi ; iettâ vout!âl, câl* ; — c'est-à-dire : Quand on le peut sans danger, on saisit le toupet de son ennemi ; sinon, on prend ses pieds pour les baiser !

Ce que je viens de dire doit faire comprendre pourquoi il est si difficile de faire des chrétiens dans l'Inde. Le Christianisme est une religion d'amour ; Dieu aime l'homme et veut en être aimé. Le démon ne veut qu'en être servi en s'en faisant redouter. Quand l'Indien parvient à comprendre qu'il ne peut être aimé qu'en aimant, il est chrétien et civilisé ; tant qu'il croit pouvoir être heureux par des sacrifices matériels, il appartient au démon et il reste sauvage comme ses pères.

Je ne pourrais mieux terminer ce chapitre qu'en disant un mot des serpents.

Le pauvre Indien a tellement peur de ce reptile, qu'il l'adore comme un dieu. Il y a des serpents de bien des sortes, mais tous sont dangereux et plusieurs donnent la mort. Le plus terrible de tous est le serpent « à lunettes. » Ce nom lui vient de ce que lorsqu'il est en colère, une membrane marquée de deux cercles jaunes s'ouvre au-dessus de sa tête ; cette membrane, qui ressemble vraiment à des bésicles, lui donne un aspect absolument épouvantable. Il y a des individus qui prétendent charmer les serpents, comme je l'ai dit plus haut ; mais il faudrait que ces animaux fussent bien stupides pour trouver quelque chose de *charmant* dans les sons de l'affreuse petite flûte dont se servent les prétendus magiciens. Ce ne sont pas les serpents, mais les hommes qui s'y laissent prendre. Les charmeurs ont des serpents apprivoisés, qu'ils lâchent dans une maison ou un jardin; puis ils viennent proposer au propriétaire de s'emparer de cet hôte dangereux. Ils se mettent alors à jouer de leur méchant instrument, et l'animal affamé accourt auprès de son père nourricier. Celui-ci fait danser la pauvre bête, et les spectateurs admirent sa puissance. Quand la séance est finie, il remet le serpent dans son vase, reçoit son salaire et va débarrasser un autre endroit de son gracieux élève.

Un jour, un de ces jongleurs m'assura que mon jardin était infesté par les plus affreux reptiles et me proposa de m'en délivrer au prix de six sous pour chaque animal qu'il parviendrait à prendre. Je lui promis, non pas six sous, mais deux francs par tête, à la seule condition que je tuerais tous ceux qui se présenteraient. Le pauvre homme fit *salam* et se retira en bougonnant.

Mais les serpents vraiment redoutables ne sont pas ceux qui ont faits leurs classes; ce sont ceux qui se cachent dans les haies, dans les vieux murs et jusque dans les toits des maisons. Quelques-uns se tiennent sur les arbres: ils sont complètement verts; d'autres vivent sur le bord des étangs: ce sont les moins dangereux.

Le pauvre Indien est sans cesse menacé par cet

ennemi invisible. Quand il aperçoit un de ces reptiles, il le tue quelquefois, le plus souvent il fuit.

Le serpent « à lunettes » est, en beaucoup d'endroits, nourri, soigné, choyé par les païens. Dans certaines pagodes, les brahmes donnent du lait à ces monstres hideux et veillent à ce que personne ne leur manque de respect. Ces animaux s'accoutument à être ainsi traités aux frais du public, et ils se promènent en plein jour avec un sans-gêne incroyable. Comment s'étonner après cela que les serpents fassent dans l'Inde tant de victimes ? De vingt à vingt-cinq mille personnes meurent chaque année de la morsure de ces pupilles brahmaniques. Et ces mêmes brahmes, si généreux pour des reptiles horribles, ne peuvent supporter le contact des autres hommes ; ils partagent leur nourriture avec des monstres, mais ils aimeraient mieux mourir mille fois que de partager celles de leurs semblables. Peut-être se font-ils justice....

IX

JE QUITTE GOUDELOUR POUR PONDICHÉRY.— VOYAGE A VETTAVALAM.— MALADIE. — ATTIPAKAM. — RETOUR A PONDICHÉRY. — VOYAGE A LA MONTAGNE. — JE SUIS NOMMÉ A SALEM.— UN *type*.

Le P. Seegmuller ayant quitté le Collège colonial de Pondichéry, je fus désigné pour le remplacer. Je quittai Goudelour au mois d'avril 1871.

Ma vie redevint monotone; je faisais une classe de latin, mais ma principale occupation était celle de croque-note.

Au mois d'août, je partis pour Vettavalam avec quelques confrères pour y passer les vacances. Mais en route je fus pris d'une vilaine fièvre, et en arrivant à Vettavalam je dus me mettre au lit immédiatement. La pensée que le P. Trévoux était mort dans cette maison, après trois ou quatre jours seulement d'indisposition, m'impressionnait vivement, et, de fait, je me trouvai bientôt en grand danger. Le P. Darras n'avait absolument aucun remède: cet homme de bronze ne s'est jamais occupé de ces sortes de niaiseries! Nous ne pûmes pas même trouver une pincée de thé dans la maison ni dans le village. Pendant le jour, je tâchais de suivre la conversation de mes confrères, et cela me soulageait un peu, ou du moins me faisait trouver le temps moins long. Mais la nuit ! Oh ! que ces heures me paraissaient longues ! Il m'était absolument impossible de dormir. J'avais des intermittences de chaud et de froid, tantôt me sentant brûlé comme dans un brasier, tantôt grelottant comme si j'eusse été plongé dans un bain glacé. La soif me dévorait, et, de temps à autre, quand tout le monde était endormi, je me levais doucement et j'allais à tâtons boire à longs traits à la cruche commune. Cela aurait dû me tuer, mais *comme* je n'avais ni médecin ni médecine, je pus faire ce manège pendant une semaine sans me trouver plus mal... ni mieux. Ma seule nourriture était une infusion de je ne sais quoi et l'eau que je parvenais à boire en cachette. L'insomnie absolue finit par me donner le délire : je m'imaginais que j'avais seul la tête appuyée sur l'oreiller, tandis que les autres dormaient tranquillement sans être soumis à ce désagrément. Je passais des nuits entières à protester contre cet arrangement injuste, et, de temps en temps, j'appelais quelqu'un de mes confrères pour lui dire : Puisque c'est vous qui dormez, je ne vois pas pourquoi je m'écorcherais ainsi la tête contre cet horrible coussin ; tenez, à votre tour ! — Puis je faisais des efforts inutiles pour me soulever.

D'autre fois, j'avais le délire *gai*. Je me rappelle encore un énorme bol de *vermout* que j'avalai d'un trait.... C'était une affreuse tisane. Le

P. Dury, profitant d'un moment de surexcitation fébrile, me dit gravement : —Prendriez-vous volontiers un peu de vermout? — Et il me présenta un grand bol dont j'ingurgitai le contenu avec délice!

Au bout de huit ou dix jours, les confrères décidèrent de m'emmener à Attipakam, chef-lieu du district, à dix milles de Vettavalam. On me plaça sur une charrette à bœufs, et j'arrivai à destination sans me rendre compte de ce qu'on voulait faire de moi.

A Attipakam, une bonne vieille me donna une drogue qui calma le délire; mais cette femme dit au P. Darras qu'il fallait absolument m'envoyer à Pondichéry. Le P. Darras avait une petite voiture à bœufs, et il fut décidé que je partirais avec lui le lendemain. On ne me cacha pas qu'il s'agissait de « jouer le tout pour le tout, » car un tel voyage dans l'état où j'étais offrait un danger très grave. D'un autre côté, je ne pouvais rester plus longtemps sans remèdes, et ma seule chance était d'aller à Pondichéry, où je trouverais un médecin français et tous les soins nécessaires. Je consentis donc volontiers à me mettre en route. Je fis une confession *in articulo mortis*, et je partis avec le P. Darras. Il était, je crois, trois heures après-midi. Pour ne pas me gêner, le bon Père marchait auprès de la charrette, et ce ne fut que vers minuit qu'il put se reposer dans une petite église que nous trouvâmes sur la route. Au point du jour nous repartîmes. Nous nous arrêtâmes de nouveau vers midi, dans un *bangalow*. A deux heures, nous continuâmes notre voyage. La chaleur était terrible et la poussière nous aveuglait ; cependant le Père marchait toujours, me parlant, me disant : Nous y sommes, courage ! comme une mère à son enfant malade. Enfin, à six heures du soir, nous arrivâmes à Mandjacoupam. Le P. Renevier nous reçut avec son affabilité ordinaire; il me procura immédiatement quelques remèdes, et je passai une assez bonne nuit. Le lendemain, à quatre heures du matin, je partis dans la grande voiture du P. Renevier, accompagné par le P. Thobois, Supérieur du grand séminaire. Vers sept heures nous étions à Pondichéry.

Le délire me reprit. Mgr Laoüenan fit aussitôt appeler le docteur Allánic, médecin en chef de Pondichéry. Dès que celui-ci arriva, il fut effrayé de mon état et il dit à Mgr Laoüenan : — Il était grand temps ! Puis il se mit à écrire une ordonnance. Pendant qu'il écrivait, je descendis de mon lit, et m'asseyant auprès de lui, je lui dis solennellement : Docteur, donnez-moi seulement quelque chose qui me fasse dormir sans appuyer la tête sur l'oreiller. — Tiens ! C'est justement ce que je suis en train de préparer ; allez vite vous coucher.

Quelques minutes après avoir pris la potion, il me sembla que j'étais soulevé et que je dormais *en l'air !* A mon réveil, je demandai au P. Gouyon, qui était auprès de moi, si j'avais réellement dormi. Il me dit que j'avais fait « un fameux somme. » Cette réponse me fit pleurer de joie. Il y avait *douze jours* que je n'avais pas fermé l'œil.

———

La fièvre fut *coupée* au bout de cinq ou six jours, mais elle revenait de temps en temps, et ce ne fut qu'après trois semaines de soins que je pus me lever. Dès que je fus assez fort pour voyager, le docteur me conseilla d'aller à la montagne de Salem. Je partis sur un steamer anglais, et dans une nuit j'arrivai à Madras. Le lendemain j'allai jusqu'à Vellore, où je restai trois ou quatre jours, et enfin j'atteignis Salem. Après m'y être reposé deux ou trois jours, je fis l'ascension de la montagne, porté sur une chaise. Mais dès le lendemain la fièvre me reprit, et je fus obligé de retourner à Salem. Le P. Seegmuller me conseilla alors d'aller à Bangalore, et il m'y accompagna lui-même. Pendant que nous voyagions ensemble, une lettre de Mgr Laoüenan arrivait à Salem, ordonnant au P. Seegmuller de se rendre à Madras pour y étudier l'Anglais, afin de pouvoir diriger ensuite le Collège de Mandjacoupam, et à moi de rester à Salem. Cette lettre nous fut envoyée à Bangalore, et nous partîmes immédiatement, le P. Seegmuller pour déménager, moi pour m'installer à sa place.

Je retrouvai à Salem le vénéré P. Brisard. Il était chargé plus spécialement des nombreux villages dépendant de Salem, mais il venait de temps en temps se reposer *à la ville*, et c'était toujours une fête pour moi de revoir mon excellent *Papa Benoît*. Pour moi, je n'avais pas à voyager, étant chargé de la seule ville de Salem et de ses faubourgs. En outre, me trouvant dans un lieu central, je recevais souvent des confrères, soit des environs, soit des missionnaires en voyage allant à Madras, à Coïmbatore, à Trichinapaly, etc. Ces visites me réjouissaient, mais mes pauvres vingt-cinq roupies avaient bien du mal à s'allonger du premier au trente du mois. En compagnie, je tâchais de « faire grand, » mais quand j'étais seul, il me fallait faire petit, petit, petit. Parfois je voyais la misère de fort près, et la famine semblait se plaire chez moi, car elle ne quittait guère mon logis. *Heureusement*, la fièvre venait à mon aide et m'aidait à faire des économies. Salem n'a jamais passé pour une « maison de santé. » Le P. Seegmuller qui, à Pondichéry, était solide comme un Cyclope.... à deux yeux, avait été miné, rongé et presque tué par ce climat malsain. Arrivant moi-même avec une forte hypothèque sur le grand-livre de la triste Maison Fièvre et Cie, je ne pus jamais parvenir à la *purger*, malgré la quinine et les... purgatifs. Mais, comme je viens de le dire, cela avait son bon côté, comme toutes choses en ce monde, et quand je ne prenais que du thé ou de l'eau, je travaillais à avoir un peu de viande et du pain frais après l'accès.

Il y avait à Salem un type de « pieux laïc » comme je n'en ai jamais rencontré ailleurs. C'était un ancien *butler* de la Mission. Il était de toutes les confréries et récitait chaque jour autant de prières qu'il est possible d'en concentrer dans l'espace de vingt-quatre heures. Il connaissait les litanies de tous les saints, canonisés ou *à canoni-*

ser ; possédait tous les livres de piété, imprimés, lithographiés ou manuscrits ; savait par cœur toutes les prières et invocations de tous les recueils d'indulgences. Si j'allais à l'église, il y était ; quand je sortais, il se trouvait à la porte pour me saluer. Il était au presbytère, dans la rue où je passais, auprès de la personne à qui je parlais ; il était ici, là, partout. Longtemps avant l'heure de la messe, il lisait les prières préparatoires ; longtemps après, il récitait des litanies. Personne ne l'écoutait, mais cela lui importait fort peu. Le matin, il attendait que l'on ouvrît la porte de l'église ; le soir, il ne sortait que lorsqu'on la fermait. Il m'annonçait les fêtes, les quatre-temps, le Carême, l'Avent. C'était lui qui faisait mettre de l'eau bénite dans les bénitiers, qui gourmandait la balayeuse, qui instruisait les enfants de chœur, qui avertissait les chantres, qui faisait sonner la cloche au bon moment. Il assistait aux baptêmes, aux mariages, aux enterrements, car il se regardait, je crois, comme le père, l'oncle, le cousin et l'ami intime de tout le monde et même des autres ! Quand j'examinais un procès, il suggérait un avis ; dès que je respirais, il plaçait son mot ; il achevait mes phrases, développait mes conseils, appuyait mes décisions. Je n'étais pas toujours d'humeur à supporter cette ingérence incessante dans toutes mes paroles et dans toutes mes actions. Je montrais les cornes à l'importun et je l'envoyais promener sans façon ; mais rien ne pouvait le fâcher ni le décourager — allez donc fâcher un fâcheux !

Plus je lui résistais, plus il était de mon avis ; mes reproches lui semblaient d'une justesse étonnante, mes impatiences faisaient son admiration, il profitait des gros mots que je lui disais pour me donner une petite leçon de prononciation ; si je le priais de s'en aller, il courait se mêler d'une autre affaire, sous prétexte que je l'avais formellement délégué pour cela en lui disant de partir !

Cet homme si fort en toute chose avait pourtant un faible. Son idéal était de s'asseoir sur une chaise. A l'église et chez lui, il s'asseyait par terre comme tous les Indiens; mais quand il venait chez moi, son premier regard était pour un siège : en même temps qu'il s'inclinait en avant pour me saluer, il s'inclinait en arrière pour s'asseoir. Assis, il était majestueux : le corps droit, fixe, d'aplomb, le bras arrondi, la bouche en cœur, le regard plein de tendresse, il avait l'air de dire : A présent vous pouvez compter sur moi ! Je dois dire d'ailleurs que ce brave homme était boiteux, et, dans ces conditions, on ne saurait être indifférent à la pensée que l'on a au-dessous de soi quatre pieds solides et d'égale longueur.

Mais ce qu'il y avait de plus merveilleux chez cet homme extraordinaire, c'est qu'il était vraiment zélé pour le salut des âmes. Cette vertu n'existe guère dans l'Inde, si ce n'est en théorie, dans les livres de piété. L'Indien trouve tout naturel que les missionnaires quittent pour lui leur patrie et leur famille, mais il ne fera lui-même ni un pas ni un effort pour sauver quelqu'une des pauvres âmes qui l'entourent. Il sait fort bien que ses prêtres sont envoyés, nourris et entretenus uniquement par les aumônes des chrétiens d'Europe; que ce sont ces aumônes qui leur permettent de bâtir des églises, des couvents et des hôpitaux, d'installer et de soutenir des écoles et des colléges, d'assister les catéchumènes et les néophytes, en un mot, de faire face aux immenses dépenses d'une mission. Mais dites-lui qu'il doit faire aux autres ce qu'on fait à lui-même et à ses frères, que l'Œuvre de la Propagation de la Foi le regarde aussi bien que les chrétiens d'Europe, que la charité consiste à donner et non à recevoir, il ne comprend plus; ce raisonnement lui fait ouvrir les yeux, mais non la bourse. Il faut avouer, sans doute, que la plupart de nos chrétiens sont pauvres; mais, outre que ceux qui sont relativement riches ne sont guère plus généreux pour cela, il est un acte de charité que tous pourraient accomplir et qui cependant est fort rare dans l'Inde. Une bonne parole est bientôt dite, il est bien facile de donner un bon conseil; le plus souvent les missionnaires ne peuvent aborder les païens directement, ou du moins la langue est toujours une très grande difficulté pour plusieurs. Les chrétiens pourraient préparer les voies, instruire leurs voisins et amis sans les blesser, montrer la beauté de la religion chrétienne : ils ne font rien de tout cela, et, de même qu'ils se contentent de *recevoir* les secours d'Europe et les conseils de leurs prêtres, ils ne peuvent se décider ni à secourir les chrétiens plus pauvres qu'eux-mêmes, ni à *donner* de simples avis aux païens au milieu desquels ils vivent.

Ce défaut n'était certainement pas celui de mon cher boiteux : il ne rêvait que conversions et baptêmes ; toutes ses prières avaient pour but le salut des âmes, et la dernière parole qu'il me dit lorsque je le quittai fut : — Père, je voudrais, avant de mourir, voir tous les païens et tous les musulmans devenus chrétiens ! — Sans doute, ce ne sont là que des mots, mais ces mots et ces sentiments sont si rares dans l'Inde, que j'ai tenu à les consigner dans ces souvenirs.

X

LE P. PIERRE. — LE P. FRICAUD.— LES SCORPIONS. — LES *cariahs*.— AGACEMENT.— LES *mâmouls*.— M. LONGLEY. — BABEL.— MALADIE.— RETOUR EN FRANCE.

Peu de temps avant mon arrivée, la mission de Salem et ses environs avaient été parcourus en tous sens par le P. Pierre.

Ce zélé missionnaire, né en 1820, était dans l'Inde depuis 1847. Cœur d'or, humeur inaltérable, il ne voit que le bon côté des choses. Quand il n'y a pas de bon côté, il regarde ailleurs. C'est un coureur, un rouleur, toujours prêt à commencer ou à finir; disposé à tout, excepté à ne rien faire; trouvant tous les lieux agréables pourvu qu'il soit possible d'y parler; jamais déçu au milieu de ses déceptions, simple comme un enfant, ardent comme un jeune homme, patient comme un vieillard.

A l'époque de sa grande tournée apostolique, il parcourait le pays dans une méchante charrette à bœufs. Arrivé dans un village, il s'installait au milieu d'une rue ou d'une place. Quelques païens s'arrêtaient pour examiner ce gros homme blanc. Le Père leur administrait une histoire; il leur montrait son répertoire d'images coloriées : le Ciel, l'Enfer, le Purgatoire, etc., assaisonnant ses explications de petites historiettes, de fabliaux, de paraboles et de proverbes. Après la démonstration, beaucoup se retiraient ; quelques-uns demeuraient, et la grâce achevait l'œuvre commencée par l'apôtre. Le Père s'arrêtait quelques jours, enseignait l'amour de Dieu à ces pauvres cœurs desséchés par l'idolâtrie, faisait des hommes de ces esclaves, formait un petit noyau de chrétiens au milieu de ces masses païennes, puis, remontant dans sa charrette, il allait recommencer ailleurs.

Le P. Pierre tenta un jour, dans sa jeunesse, de s'élever au-dessus de ses confrères. Il avait entendu parler d'une haute montagne, le Colimaley, dont les habitants plus qu'à demi-sauvages n'avaient jamais vu un prêtre. Il postula longtemps. On hésitait à lui permettre de s'exposer à une mort presque certaine pour un résultat plus que douteux.

Une reine cruelle, la fièvre, règne sur cette montagne, et jamais aucun Européen n'avait pu s'y installer.

Enfin le missionnaire put tenter l'aventure ; on lui permit d'essayer de mourir. Il fut bien reçu par les montagnards, mais il devint hydropique : son sang se changea en eau et ses confrères le plaisantèrent longtemps sur cette unique *conversion*. Ne pouvant vivre si haut, il renonça à mourir ; il redescendit dans la plaine et se résigna à passer pour un homme gras.

Le P. Pierre est normand, — normand comme une potence, disent les missionnaires bretons. Il ne doute de rien, ne craint rien, ne se plaint jamais de rien ni de personne. Si on lui proposait de jeter la terre dans la mer, il commanderait des paniers et se mettrait à l'œuvre avant le coucher du soleil. Il était l'ami intime du P. Brisard, et pourtant ces deux natures étaient une parfaite antithèse. Ils s'appelaient *Zénith* et *Nadir*. Ce qui souriait à l'un effrayait l'autre; mais celui-ci finissait toujours par approuver ce que désirait celui-là, et celui-là renonçait volontiers à ses projets pour plaire à celui-ci....

Je n'ai pas revu le P. Pierre depuis bientôt quinze ans. Il a couru et roulé de tous côtés cependant, comme il courra et roulera jusqu'à son dernier jour; mais malgré ses courses sans fin, je n'ai jamais eu le bonheur de me retrouver sur son chemin. D'ailleurs, le reconnaîtrais-je ? On dit qu'il est aujourd'hui mince comme une langue de chat et sec comme un cotret. Or, je ne l'ai jamais vu que joufflu, pansu, rondelet, replet et rebondi : la déception serait cruelle et peut-être vaut-il mieux que je garde mon idéal.

Mon plus proche voisin était le P. Fricaud, né à Nantes en 1802 et arrivé dans l'Inde en 1836, après avoir exercé le saint ministère en France une dizaine d'années. C'était un homme tout d'une pièce, un de ces hommes qui semblent avoir toujours vécu et qui paraissent ne devoir jamais mourir, une barre d'acier enveloppée d'un sac de toile et surmontée d'une barrette rouge! Du riz et de l'eau avaient été et ont été jusqu'à la fin la nourriture de ce vaillant athlète. Il était lui-même son propre tailleur et ne dépensait jamais plus de sept roupies pour sa nourriture. Le restant de son pauvre viatique servait à payer les frais d'un séminariste.

Ce vénérable vieillard était chargé d'Akravaram, grand village à dix milles de Salem. Il venait me voir ordinairement une fois par mois, et toujours sa présence me *rajeunissait*. Quand le P. Brisard arrivait pour se reposer, son vieux *pays* ne manquait jamais de venir passer un ou deux jours avec lui. Je me délectais à contempler ces deux vieux amis qui avaient blanchi dans un pays étranger, au milieu de privations sans nombre, sans jamais perdre la gaieté de la jeunesse.

Ce patriarche était poète; il aimait à mettre en vers les amabilités qu'il n'aurait plus osé exprimer en prose, à cause de son grand âge. Il y avait un échange de lettres rimées entre le P. Brisard et lui. C'était comme des boutons de roses sur un églantier desséché; on les trouve d'autant plus précieux que la saison est trop avancée pour leur permettre de s'épanouir.

Il y avait dans ce cœur septuagénaire une véritable tendresse pour tout ce qui était faible. Quand il se trouvait avec de jeunes missionnaires, il était le plus jovial de la troupe, et si sa barbe fût redevenue blonde on lui eût donné vingt ans.

En 1876, on célébra les « noces d'or » sacerdotales

de ce bon vieillard. Un grand nombre de missionnaires se réunirent à Salem à cette occasion. La cérémonie fut des plus touchantes. On avait orné de guirlandes le parcours du presbytère à l'église, et tous les missionnaires accompagnèrent leur vénéré père au milieu d'une foule immense de chrétiens et de païens. Le P. Fricaud chanta la messe, servie par les confrères qui l'entouraient. Tout le monde était ému de ce ravissant spectacle. C'est que bien peu de missionnaires atteignent cet âge dans l'Inde ; c'est au ciel ordinairement qu'ils vont célébrer leurs « noces d'or. »

C'est en 1880 que le Patriarche d'Akravaram mourut, au milieu de ses chrétiens, assisté par un jeune missionnaire que Mgr Laoüenan avait mis auprès de lui.

Les chrétiens de Salem sont bons et fort attachés à leurs prêtres. Le souvenir du P. Gouyon vit toujours parmi eux. Les enfants sont simples et naïfs, et chaque soir une troupe de bambins et de bambines venait folâtrer sur le terrain de l'église, dans l'espoir d'obtenir une médaille ou une banane Pendant une heure, cette jeunesse courait et gambadait avec un entrain réjouissant, et c'était, chaque jour, un nouveau plaisir pour moi de voir cette charmante famille sauter, bondir, grimper sur les arbres, caracoler, cabrioler et s'ébaudir en liberté comme une bande de jeunes antilopes.

Je n'ai jamais vu tant de scorpions qu'à Salem. Chaque jour, plusieurs personnes venaient me demander quelque remède après avoir été piquées par cette horrible bête. Je faisais simplement aspirer un flacon d'ammoniaque, et, généralement, la guérison était complète après trois ou quatre aspirations. La piqûre du grand scorpion noir est mortelle, dit-on, mais celle des autres est toujours très douloureuse. C'est comme un fer chaud ou comme du plomb fondu et infusé dans les veines; ça glisse en écorchant, ça monte comme une épine enflammée ou comme un hameçon tiré à contre-poil.

Un jour, une jeune fille païenne que l'on allait marier ayant été piquée par un scorpion, plusieurs chrétiens me l'amenèrent couverte de bijoux de la tête aux pieds. La pauvre enfant criait et pleurait comme si on lui eût arraché les yeux et coupé les oreilles. Je tâchai de la rassurer et je lui présentai mon flacon d'ammoniaque en lui disant d'aspirer fortement. Epouvantée déjà de se trouver en présence d'un Blanc, l'odeur atroce du liquide lui fit croire sans doute que j'en voulais à sa vie. Elle fit un bond comme un obus qui éclate, poussa un cri perçant et s'enfuit comme un ouragan, les bijoux, les bracelets, les chaînes et les anneaux de ses pieds, de ses mains, de ses bras, de son nez et de ses oreilles faisant tic-tac, ding dong, zing zing, comme un quincaillier déménageant au milieu d'un incendie. Les chrétiens se mirent à sa poursuite pour la ramener, mais cela ne fit qu'augmenter son épouvante, et il fut impossible de la rattraper. Elle dut raconter à sa famille qu'elle avait vu un diable épouvantable au fond d'une bouteille grande comme la main !

— —

J'avais aussi à *lutter* contre les *cariahs* (termites ou fourmis blanches.) Ces bestioles ne mordent pas, mais elles dévorent. Avant de commencer leur œuvre de destruction sur un objet, elles l'enveloppent d'un enduit de terre délayée avec une matière gluante qu'elles portent en elles-mêmes. Ce petit retranchement construit, elles se mettent à ronger avec une force et une rapidité étonnantes. Dans une nuit un meuble est abîmé. Elles pénètrent dans les armoires, dans les bibliothèques, dans les malles; tout ce qu'elles attaquent est réduit en poussière. Elles creusent des canaux dans les livres, dégradent les pieds des tables et des chaises, grimpent le long des murs pour aller ronger les poutres. Les souliers ont la semelle effritée, les lits sont envahis, tous les meubles sont perforés, charbouillés, émiettés par ces voraces. On est obligé de veiller sans cesse, de mettre des pierres sous toutes les caisses, d'enduire de goudron les pieds des tables, des lits, des chaises et des armoires. Le goudron seul paraît deplaire à ces petits monstres; mais il faut le renouveler souvent, et, d'ailleurs, si le meuble touche au mur par un seul point, ces affreuses fourmis ont bientôt trouvé le défaut de la cuirasse.

J'ai déjà parlé des moustiques, des moucherons et des serpents. Tous ces animaux, joints au soleil, qui n'est qu'un *insecte* phénoménal, font de l'Inde un bien beau pays... dans les livres. En vérité, l'homme se sent bien petit au milieu de ces milliers de tyrans de toutes les tailles. Tourmenté le jour, martyrisé la nuit, il vit au milieu d'une conjuration de toute la nature contre son orgueil de roi de la création. Quand il ne s'agit que d'un tigre, on fuit ou l'on combat, l'on tue où l'on est tué. Mais le soleil, les moustiques, les *cariahs*, les corbeaux sont partout : comment fuir? Ils sont inabordables ou innombrables: comment les attaquer? Toutes ces souffrances sans cesse renouvelées produisent chez l'Européen une irritation sourde qui le ronge ; ne pouvant écraser les ennemis qui le poursuivent, il devient méchant malgré lui; il s'emporte contre les hommes pour se venger des bêtes. Tel qui bat son domestique n'a à se plaindre que des moucherons. Après une nuit sans sommeil, rien ne repose comme de secouer quelqu'un. Quand les *cariahs* ont dévoré quelque chose, on a besoin de mordre son prochain; jamais la soupe n'est bonne avec un moustique sur le nez. On se fâche donc, on se dépite, on jette feu et flamme sans savoir pourquoi ; puis on est fâché de s'être fâché, l'agacement agace, on tâche de lutter contre sa mauvaise humeur, et cette tension d'esprit ne fait que l'augmenter. Honteux d'en vouloir à un insecte, on tombe sur un pauvre diable qui n'a d'autre tort que de se trouver là au mauvais moment. Pendant que l'on s'exerce à la patience en retirant une à une les fourmis installées dans le sucrier ou noyées dans le lait, une nuée de moucherons grouille autour de vos paupières ou se jette dans vos narines ; les moustiques fredonnent un air autour de vos oreilles, les punaises volantes s'abattent dans votre tasse; un corbeau, dix, vingt, cinquante corbeaux entonnent leur *couac* national; alors ... pst! la patience s'envole, le roi de la création montre le poing aux pauvres sujets qui l'entourent, il se gifle dans l'espoir d'écraser un cousin, il se fourre sottement le doigt dans l'œil pour déloger un moucheron: heureux encore si dans la bagarre il ne renverse pas lui-même sa tasse de café!

Les nerfs de l'Européen sont, dans l'Inde, comme une chanterelle de violon trop tendue. On sent que ça va claquer.... heu.... on ferme les yeux.... heu... la cheville tourne, tourne encore, tourne toujours, puis crrrac! l'homme se trouve bête; il fixe une nouvelle chanterelle et tâche d'accorder de nouveau le pauvre instrument desséché.

Voilà les petites misères; les grandes viennent de l'homme lui-même. Quelle croix que ce domestique paresseux, menteur, qui semble n'avoir d'autre but dans la vie que de voler le bien de son maître ou de briser ce qu'il ne peut emporter! Si l'on s'irrite, on passe pour un homme méchant; si l'on est patient, on se moque de vous et les larcins redoublent. Le domestique indien qui n'a jamais volé n'existe pas; celui qui ne vole plus est un mythe; celui qui ne volera point n'est pas encore né, et il ne naîtra pas... de longtemps.

Il y a ensuite les usages, ces terribles *mâmouls* qui semblent avoir été inventés pour empêcher l'Européen de s'acclimater dans l'Inde. Tout ce qu'il voit est contraire à ses idées et à ses goûts;

tout ce qu'il fait étonne ou écœure ceux qui l'entourent. L'horrible *musique* qui ravit l'Indien est pour lui un supplice de tous les jours et de toutes les nuits. Ces masses de tambours, de trompettes et de clarinettes enragées qui empoisonnent sa vie, jettent dans l'extase tout le monde, exepté lui. Pendant qu'il gémit, se tournant et se retournant sur sa couche, ses amis, ses voisins, ses domestiques se délectent au milieu du vacarme, suivent avec ravissement les forgerons sans cœur qui le martyrisent. S'il reçoit une visite, l'odeur de l'huile rance dont le visiteur a eu soin de se barbouiller fait bondir son cœur de dégoût. Un jour, un homme respectable causant avec le P. Brisard, pendant qu'il prenait son repas, saisit un couteau sur la table et se mit tranquillement à s'en râcler les bras. Une autre prit une fourchette pour s'en gratter le dos !

Il faut subir ces petits riens, mais ils agacent plus qu'on ne pense. C'est comme une pierre fixée à demeure dans un soulier, comme une puce installée pour la vie dans l'oreille, comme une fourmi épinglée définitivement entre les deux épaules. On rit parfois de ces vétilles, quand on les considère séparément, mais l'ensemble aigrit le caractère, crispe, rend bourru, hargneux, méchant. On lutte contre soi-même, et c'est un combat de tous les jours et de toute la vie. Puis la maladie vient envenimer ces milles petites plaies, le corps refuse son service, on se sent lâche, on trouve la croix trop lourde, on a envie de s'asseoir sur la route ;

alors on se méprise. Le mépris sincère de soi-même est l'humilité chrétienne. Dès que l'on cesse de s'aimer, ont est prêt à aimer les autres; les aimant, on se dit : je les sauverai ! et l'on se relève, on reprend la croix, on se remet en marche, et plus on souffre, plus on se sent prêtre, plus on est heureux, plus le ciel paraît beau et les âmes dignes d'être aimées.

A Salem, j'étais dans les meilleurs termes avec le *Collecteur* anglais. On appelle *Collecteur* le premier représentant du Gouvernement; il a à peu près l'autorité d'un préfet, mais il est, en outre, magistrat. M. Longley était un excellent homme. Toutes les fois que j'allais chez lui, il me recevait avec une cordialité parfaite. Son père avait été attaché d'ambassade à Paris, et il aimait à montrer une belle tabatière d'or, dont Napoléon III lui avait fait présent. Ordinairement nous parlions Anglais, mais il avait une teinture de Français et il était fier de placer, de temps en temps, les mots français qu'il connaissait. Il n'était pas toujours heureux. Un jour, il me montrait un petit cheval qui paissait devant la maison. Je lui demandai si c'était un cheval *pégou*. — « Non, dit-il, mais la... la *madame il était pégou.* »

Quelle catastrophe que l'affaire de Babel ! L'homme se donne un mal infini pour composer une langue : il fait des grammaires, des dictionnaires, des prosodies ; il apprend des milliers de mots baroques, s'exerce à former des phrases, étudie les synonimes, les épithètes, les figures. Puis, quand il est parvenu à apprendre tout cela, s'il vient à s'éloigner de quelques lieues de l'endroit où il l'a appris, il ne comprend plus ce que disent les autres hommes, et personne ne le comprend lui-même. Le Français se moque de la langue anglaise ; l'Anglais rit de la langue française ; l'Italien trouve toutes les langues dures. Les Européens appellent sauvages les peuples qui ne parlent pas comme eux ; les noirs, à leur tour, méprisent les blancs. C'est un gâchis, un salmigondis, un pot-pourri composé de syllabes bizarres, de tournures cocasses, de racines embrouillées ; c'est un fouillis inextricable, une bigarrure ridicule, une pétaudière parfaite. Prenez un Français, un Turc et un Hindou : Quel travail il faudra à ces trois hommes pour parvenir à s'entendre ! Et encore, après des années d'étude, chacun d'eux ne parlera qu'un misérable jargon ; les mots ne viendront qu'avec effort, la prononciation sera défectueuse, les phrases mal tournées, les expressions mal choisies, les pensées mêmes saugrenues.

Il est difficile, en Europe, de se figurer la souffrance que cause la diversité des langues. Le négociant, l'employé, l'homme du monde ont leur famille et leurs amis, et ils conservent leur langage et leurs habitudes. Mais le missionnaire n'a d'autre langue que celles des peuples au milieu desquels il vit. Sa langue maternelle n'est plus pour lui qu'un *objet de luxe*, comme une guitare ou une boîte à musique. Quand il rencontre un confrère, il est heureux de pouvoir renoncer un moment à son baragouin ; mais ce n'est là qu'une récréation, qu'une partie de plaisirau milieu d'une vie de travail ; dès qu'il rentre à l'atelier, il lui faut reprendre le tablier de Babel. Ne pouvoir jamais employer le premier mot qui se présente naturellement ; être sans cesse obligé de renoncer à exprimer une idée, parce que les mots font défaut ; avoir à déchiqueter ses pensées pour les faire entrer dans le petit cercle de ses connaissances grammaticales ; se sentir forcé, à chaque instant, de refouler un sentiment, d'étouffer une émotion, de sacrifier une impression, faute d'une tournure pour exprimer tout cela : voilà l'angoisse continuelle qui épuise le pauvre étranger, le supplice qui brise le ressort de son âme, le petit martyre qui consume son cœur à petit feu.

Au commencement de l'année 1873, ma santé se mit à décliner de jour en jour. Je consultai le docteur Pearse, qui me déclara que j'avais un engorgement de foie très avancé.

Le foie ! ce misérable organe est le principal ennemi des Européens dans les pays chauds. Si l'on pouvait s'en débarrasser comme d'une mauvaise dent, il serait possible de s'acclimater dans la grande chaudière intertropicale. Mais cet appareil délicat se détraque si facilement, que la vie de l'Européen est comme la traversée de Blondin sur la chute du Niagara : C'est un « il tombera... il ne tombera pas » de tous les jours. Hépatite aiguë, ramollissement, induration, atrophie, hypertrophie, etc., le pauvre Blanc devient *jaune* sans savoir pourquoi ; il broie du noir comme un rapin, se sent triste, abattu, refrogné, maussade sans cause apparente ; il s'emporte et se dépite pour des riens, trouve tout le monde désagréable et lui-même plus que tout le monde ; son existence, en un mot, n'est plus qu'un long dégoût, qu'une nausée sans fin, qu'un martyre bête.

Le docteur me conseilla de lutter. Je luttai. Puis il me gorgea de pilules. Je me laissai gorger. Tout fut inutile. Au mois de mars, je crus que j'étais au bout. Le docteur vint me voir, et sa première parole fut : « Partez ! » — Où voulez-vous que j'aille ? » — « En France. » — « En France ! » — « Oui, et si vous ne quittez pas l'Inde immédiatement, vous n'aurez bientôt plus besoin de remèdes : dans l'état où vous êtes, l'air de la patrie peut seul vous sauver. »

Sur le conseil du P. Brisard, je demandai un congé de quelques mois. Le congé me fut accordé, mais je faillis aller plus loin que je ne pensais. Quelques jours avant mon départ de Salem, je fus pris d'une fièvre violente, et, sur le conseil du médecin, le P. Brisard m'administra les derniers sacrements. Mais le temps de la grande retraite n'était pas venu ; quelques jours après cette crise, je pus partir pour Madras, et, le jour même de mon arrivée dans cette ville, je m'embarquai sur le *Tibre* des Messageries maritimes.

XI

ENCORE M. LONGLEY. — LE CANAL DE SUEZ. — ISMAÏLIA. — PORT SAÏD. — LA MÉDITERRANÉE. — MARSEILLE! — *La maison*. — SAINT-VICTOR. — LES FRÈRES GERMAIN. — NOUVEAUX ADIEUX.

La première personne que je rencontrai à bord fut M. Longley, le *Collecteur* de Salem. Je l'avais vu quelques jours avant mon départ, mais il ne s'attendait pas alors à partir lui même, et, par conséquent, il ne m'avait rien dit à ce sujet. Les Anglais font de ces coups!

Lors de mon premier voyage, j'avais traversé l'Egypte, d'Alexandrie à Suez, par la voie ferrée. En 1873, je vis le Canal de M. de Lesseps pour la première fois. Notre navire ne devant s'arrêter que deux heures en rade de Suez, le capitaine engagea les passagers à s'abstenir d'aller à terre. Mais M. Longley ne voulut pas entendre raison, et il partit dans un petit bateau, promettant de revenir à l'heure fixée. A deux heures précises, nous nous engageâmes dans le Canal. Hélas! le pauvre *Collecteur* n'était pas revenu! A quelques encâblures seulement de notre navire, il faisait des signes désespérés. Quand il fut assez rapproché, le Second lui cria:

Impossible de stopper ; prenez une *mouche* (petite chaloupe à vapeur) et suivez-nous.

Dire à un homme dans cette position de « prendre la mouche ! »

M. Longley vira de bord, et bientôt nous le vîmes dans un de ces petits bateaux qui font le service du Canal, assis sur une planche, sans même une ombrelle pour le protéger contre les ardeurs d'un soleil terrible. Le pauvre homme suppliait que l'on arrêtât un instant le navire pour lui permettre d'y monter. Mais le règlement s'y opposait, quoique nous ne fissions que six milles à l'heure.

Que l'on se représente la fureur de cet homme, si puissant dans l'Inde, obligé de suivre le navire où il avait sa place chèrement payée, sur une misérable petite barque sale et puante, à quelques centimètres d'une machine à vapeur et à la rage du soleil ! Et ce martyre dura jusqu'à huit heures du soir, quand nous stoppâmes pour la nuit à Ismaïlia, au milieu du Canal !

M. de Lesseps vint aussitôt à bord, et il invita les officiers ainsi que les passagers à un bal préparé en leur honneur. La plupart acceptèrent. M. Longley ne fut pas même tenté de quitter de nouveau ce coquin de steamer français, qui partait tout seul sans dire : Gare !

Au point du jour, nous nous remîmes en route, et à deux heures nous étions à Port-Saïd.

A huit heures du soir, nous entrâmes dans la Méditerranée : nous étions *chez nous* ! Jusque là j'avais conservé ma soutane de toile blanche, de même que tous les passagers étaient en habits d'été. Mais dès que notre navire eut dépassé le phare, une bise glaciale nous souffla aux oreilles que ces costumes légers n'étaient plus de mise, et tout le monde fut bientôt emmailloté, emmitouflé, fagoté et encapuchonné.

A une journée du détroit de Messine, nous nous trouvâmes en pleine tempête. La mer était belle à voir, mais les passagers faisaient pitié. Un seul osa se mettre à table : c'était un capitaine au long cours, dont le navire avait été condamné à Calcutta. Quand il eut fini de déjeuner, le misérable se mit à lire le menu à haute voix ! Ces mots, si poétiques pourtant, de « sardines à l'huile — cornichons au vinaigre — omelette soufflée — choux au lard — gigot aux pommes, » firent un effet prodigieux sur les auditeurs, et tous se mirent à *dé*—jeuner avec un ensemble touchant.

Les côtes de France !.... Toulon, La Ciotat, Cassis, Notre-Dame de la Garde ! — puis l'anse des Catalans, le vieux port, le phare ; nous glissons à travers une forêt de navires et nous stoppons à quelques mètres du quai. Pendant que l'officier de la santé examinait les papiers du bord, un petit bateau monté par deux messieurs vint se placer sous le bastingage sur lequel j'étais accoudé. Je me demandais où j'avais vu ces figures, lorsque l'un de ces messieurs me cria :

— Pardon, monsieur l'abbé, y a-t-il quelque missionnaire à bord ?

— Il n'y a que moi, répondis-je.

— *Eh! alors es éou!* (alors c'est lui) fit l'interlocuteur de sa grosse voix de basse.

— C'était un de mes plus vieux amis, et mon excellent oncle!

Aussitôt le branle-bas commença. Parents, amis, marchands, simples curieux se précipitèrent sur le pont, envahirent tout le navire, et ce fut un vacarme, un pêle-mêle, un désarroi indescriptibles. Mais chacun ayant hâte de quitter cette grande coquille, dans laquelle on a été encaqué si longtemps, la commotion du débarquement ne dure que quelques minutes.

Valises, sacs, boîtes de toutes formes, caisses de toutes dimensions sortent des cabines, envahissent les couloirs, s'entassent sur le pont, roulent le long des échelles, sont lancés par dessus le bastingage, s'amoncellent dans les bateaux, suivis de leurs propriétaires qui se démènent, crient, tempêtent, s'époumonent et bondissent comme des pompiers en retard. Puis le calme se rétablit à bord, l'ouragan traverse la Douane, les voyageurs se disent un dernier adieu, et l'on se disperse comme des collégiens en vacances.

. . . .

Marseille! pays du soleil et des cœurs chauds; où les cœurs sont toujours ouverts comme son grand port, l'amitié toujours fraîche comme son mistral. Quel plaisir de voir ces figures réjouies, ces hommes à l'air empressé hâtant le pas comme si la vie était trop courte pour arriver au bout de la ville, se parlant d'un côté de la rue à l'autre comme les enfants d'une même famille dans le grand salon paternel; ces enfants riant, se poursuivant à travers les charrettes et les voitures ; les cochers *causant* avec leur chevaux; les marchandes de fruits, de poissons, de fleurs, de tout, causant avec tout le monde : Voilà une ville vraiment vivante! Pas de *pousse-pousse*, comme dans l'Inde, pour traîner les paresseux ; pas de parasols, pas de figures blêmes : partout la joie, la santé, l'ardeur au travail ; chacun paraît connaître tout le monde, on bavarde sans se gêner, on s'embrasse sans fausse honte, on est bien chez soi, et tous les passants semblent être cousins, oncles ou neveux.

Un poète a dit :

Que la patrie est belle au moment qu'on la quitte !

Elle est plus belle encore quand on la revoit après une longue absence.

Je revis Saint-Victor, l'église de mon baptême, de ma première communion, l'église de M. Payan, l'église de mon cœur et de mon âme. Je revis les vieilles tours rongées par le temps, et elles me parurent plus grandes que l'Inde, plus belles que le monde, plus fraîches que l'Océan.

Je revis les prêtres en habits d'or, les enfants de chœur aux belles aubes brodées, les jeunes filles aux longs voiles blancs, les joyeuses tentures rouges et les flambeaux étincelants. J'entendis l'orgue aux longs accords majestueux, dont les notes profondes semblaient se condenser dans le souterrain de Notre-Dame de Confession, et, remontant dans l'église supérieure, envelopper les âmes comme d'un nuage mystérieux. Je m'enivrai de ces chants naïfs et tendres sortant de ces centaines de poitrines avec cet accent métallique qui n'appartient qu'aux Provençaux. Quelles scènes! quels souvenirs!

O France! ô Marseille! loin, bien loin de vous, mon cœur ne vous a pas oubliées; mon cœur est encore là-bas, et ni le soleil, ni la solitude, ni la souffrance ne me feront jamais perdre le souvenir des amis que j'ai quittés pour Dieu, des cœurs dont je me suis éloigné pour me rapprocher des âmes arrosées du sang divin.

Pendant les quelques mois que je passai en France, je pus voir de près ce que l'on appelait « l'Œuvre des frères Germain. » Ce n'est que depuis 1863 que les prêtres du Séminaire des Missions-Etrangères s'embarquent à Marseille; jusqu'à cette époque, ils partaient de Bordeaux. Quand la grande compagnie des Messageries Impériales (aujourd'hui *Maritimes*) ouvrit la ligne de l'Indo-Chine, le Gouvernement français obtint pour les missionnaires une réduction de prix considérable, et depuis lors c'est à Marseille que se rendent les prêtres allant dans nos Missions.

Comme nous n'avions pas de maison de correspondance dans cette ville, Mme Icard et les quatre frères Germain s'offrirent à recevoir les missionnaires de passage. Les frères Germain étaient retirés du commerce depuis quelques années; tous les quatre étaient célibataires et consacrés entièrement à des œuvres de charité. Les jeunes missionnaires trouvaient chez eux une famille. Ces bons messieurs allaient les recevoir à la gare, les hébergeaient, préparaient toutes choses pour le départ, les accompagnaient à bord et se chargeaient, en outre, de l'expédition des nombreux colis envoyés dans les diverses Missions.

L'aîné des quatre frères, Louis, était un homme d'environ soixante ans, ardent comme une chaudière, actif comme une hélice; il gouvernait en même temps qu'il régnait, car cette famille était de *l'ancien régime*: on y parlait peu, mais on agissait sans cesse. Le deuxième, Baptistin, avait un caractère jovial qui faisait oublier la fatigue; toujours prêt à partir pour accompagner ses hôtes, il était également toujours disposé à rester au logis pour les servir et les distraire. Le troisième, Maxime, très calme et froid en apparence, n'était pas moins dévoué à l'œuvre commune. Les autres parlaient en travaillant; lui travaillait en écoutant. Le plus jeune, Gustave, était gai et actif comme un écureuil. On le voyait sans cesse partir ou arriver; il courait à la poste, revenait en courant à la maison, prenait ses repas comme en courant, reprenait sa course pour aller au chemin de fer, au bureau des Messageries, passait sa journée à courir çà et là au service de tout le monde, et, le soir, quand il se décidait enfin à s'asseoir, il avait toujours quelque petite fable à raconter pour divertir ceux qu'il avait si bien servis.

Quel mouvement dans cette maison! Toute la

10.

journée on y était occupé à recevoir ou à expédier des caisses pour les Missions. Quand des missionnaires arrivaient de Paris, la maison ressemblait à une salle d'attente un jour de « train de plaisir. » Ces messieurs allaient, venaient, empaquetaient, clouaient, enregistraient, montaient à Notre-Dame de la Garde, faisaient visiter la ville, arrangeaient les malles et les sacs, pensant à tout, préparant tout et ne reprenant *leur* travail, c'est-à-dire celui des autres, que lorsque le navire levait l'ancre.

Des quatre frères Germain, trois, hélas! sont partis pour la grande Mission éternelle. Le plus jeune reste seul pour continuer l'œuvre de ses aînés. Le Séminaire des Missions-Etrangères a maintenant à Marseille une Procure dirigée par un missionnaire; mais c'est dans la maison des quatre frères que cette Procure est établie, et aussi longtemps qu'il plaira à Dieu de conserver notre Société, on se souviendra des admirables Frères Germain.

Huit mois après mon arrivée en France, ma santé se trouvant suffisamment rétablie, je repris le chemin de l'Inde. Ce départ fut moins *poétique* que le premier, car je savais où j'allais, les croix que j'aurais à porter, les souffrances qui m'attendaient; je connaissais le pays et le peuple, je n'avais plus ni la force ni les illusions de la jeunesse, et je n'obéissais qu'à la voix de Dieu dépouillée, pour ainsi dire, des charmes d'un premier appel. Je partis cependant avec joie et sans hésitation. Je ne prétends pas expliquer ces choses, car il est impossible de les comprendre. Je pleurais en quittant de nouveau ma famille, en m'éloignant de ces amis que je ne devais probablement plus revoir sur la terre; mon cœur était serré au moment des derniers adieux. Je pleurais, et pourtant j'étais heureux, heureux comme au jour de ma première communion, comme au jour de ma première messe : *O altitudo!*

XII

RETOUR DANS L'INDE. — UN COUP DE CRAVACHE BIEN APPLIQUÉ. — ARRIVÉE A PONDICHÉRY. — TENNOUR. — LE P. DURY. — KARIKAL. — LE P. BARBÉ. — LE P. GIRAUD. — LE R. P. LIGEON. — SCÈNE D'INTÉRIEUR. — MOKO. — DÉPART POUR VELLORE.

Ce fut le 4 janvier 1874 que je quittai la France pour la seconde fois. Il y avait à bord un autre missionnaire, le P. Guérin, et quatre religieuses, qu'il emmenait en Birmanie, où il avait déjà lui-même passé dix-huit ans.

Je ne raconterai pas ce nouveau voyage ; mais il est un épisode que je ne puis passer sous silence.

Nous avions pour compagnon de table un grand diable de Parisien, mécanicien à bord d'un navire chinois. *Diable* est bien le mot, car c'était un de ces individus qui trouvent tout bon excepté Dieu, tout beau excepté l'Eglise. Il était certainement fort méchant, mais infiniment plus... bête. Ce grand escogriffe au visage de parchemin, au cou de grue, mal équilibré sur de longues jambes en parenthèse, chauve, couperosé, déhanché, ayant l'air d'un singe habillé en homme ou d'un homme habillé en singe, ce grand escogriffe, dis-je, était le plus intrépide bavard que j'aie jamais rencontré. Du matin au soir, sa langue allait comme un claquet de moulin : sur le pont, au salon, dans la cabine, à table surtout, on l'entendait jaser comme une pie borgne. Son idéal était plus encore de jaboter que d'être écouté. Dès que quelqu'un prenait la parole, le grand échassier de la Seine se mettait à caqueter pour lui prouver qu'il avait tort. Les passagers étaient ennuyés d'entendre toujours les mêmes histoires, mais pour avoir la paix, on laissait le Parisien pérorer à son aise, sans faire attention à son cailletage sempiternel. Une fois cependant il reçut un joli coup de cravache qui lui coupa le sifflet jusqu'à la racine.

Un passager, employé de la marine, avait à bord sa famille, composée de sa femme et de cinq ou six enfants. Il y avait, en outre, un excellent homme, M. D..., qui allait à Pondichéry comme aide-commissaire. Ce dernier était logé dans la même cabine que le Parisien. Or, un jour, en pleine table, le bavard-en-chef se mit à tourner en ridicule la famille dont je viens de parler : — Voyez-vous ça ? disait-il, on voyage avec une nichée de bambins et de bambines ; ça crie, ça piaule, ça casse tout ; ah ben, va, c'est pas moi qu' j' vas m'embarrasser d'une pareille pacotille d' mioches d' tout calibre.

— Oh lui, fit M. D... d'une voix calme (le voyou se tut et tout le monde se tourna vers l'homme assez audacieux pour prendre la parole si brusquement) Oh lui, il fera comme son père..... il..... mourra... vieux garçon !

Ce fut un explosion de rires, de trépignements, de bravo! impossible à décrire. Le Parisien regarda M. D... d'un air absolument idiot, et, se levant de table, il dit seulement : — Ah ben! elle est forte celle-là !

Certes le coup était dur, mais jamais mulet vicieux ne fut cinglé si justement.

J'arrivai à Pondichéry le 2 février. Je fus d'abord envoyé à Mandjacoupam pour aider et remplacer, au besoin, le P. Bottero qui était alors Principal du Collège et qu'il était question d'envoyer en France à cause du mauvais état de sa santé. Pendant un peu plus d'un mois j'enseignai le *latin en anglais*, ce qui n'a absolument rien de pittoresque. Heureusement, le P. Bottero se rétablit, et, au mois de mars, le prêtre indigène de Tennour étant fort malade et obligé de quitter définitivement son district, je reçus l'ordre d'aller le remplacer.

Ce poste n'avait jamais été occupé par un missionnaire européen. Mgr Laoüenan me prévint que je n'y trouverais qu'une vieille maisonnette en ruine, et il m'autorisa à construire une grande cabane en bambou, en attendant qu'il fût possible de bâtir une nouvelle maison.

J'arrivai à Tennour, la *capitale* de mon sauvage royaume, le 31 mars, mardi de la semaine-sainte. La *maison* était un horrible taudis placé à trois mètres de l'église ; pour fenêtres, des trous comme les guichets des bureaux de poste. Les *cariahs*, les rats, les chauves-souris s'étaient installés dans tous les coins et recoins, dans les murs, dans la toiture, partout. Il était deux heures après midi quand je pris possession de ce palais enchanté ; je passai le reste de la journée à nettoyer, balayer, brosser, fourbir, déballer, déclouer, installer mes meubles, et, le soir, je me crus enfin *chez moi*. Je n'y était pas pour longtemps !

Le lendemain matin, après une nuit sans sommeil, il me fallut tout préparer pour dire la messe. Pendant une heure, je courus de la maison à l'église, arrangeant l'autel, fouillant dans mes malles pour y dénicher le linge, les ornements, le missel, les cierges, le vin de messe, etc. Enfin, quand tout fut prêt, on sonna la cloche, et je commençai la messe.

Mais l'église ne valait guère mieux que la maison, et, de plus, elle se trouva bientôt littéralement bondée de monde. Je suais, j'étouffais, il me semblait que j'avalais du feu ; — hélas ! deux mois auparavant je traversais Marseille au milieu de la neige et de la glace ! — Bientôt l'autel parut se balancer devant moi, toutes les couleurs de l'arc-en-ciel passaient entre le missel et mes yeux. Je commençai la lecture de la Passion au milieu de ce brasier, étourdi par le chant monotone des chrétiens qui m'entouraient, aveuglé par la sueur qui ruisselait de mon front. Tout à coup le missel sembla se fondre, je sentis que j'allais tomber, je marquai de l'ongle la ligne que je venais de lire, et, perdant connaissance, je m'affaissai sur le marchepied de l'autel.

Quand je revins à moi, je me vis entouré d'une troupe d'Indiens qui me regardaient en disant : *aïô ! aïô !* (hélas ! hélas !) Je leur dis de m'enlever les ornements sacerdotaux. Ils le firent aussi lentement et aussi gauchement que possible, puis une fièvre violente me saisit, et je passai toute la journée dans un état de demi-connaissance, tantôt suant à grosses gouttes, tantôt grelottant de tous mes membres.

Dès le matin, les chrétiens me voyant dans cet état de prostration avaient envoyé une lettre au P. Prieur, alors chargé de Combaconam, à quarante milles de Tennour. Le porteur de cette lettre arriva à Combaconam à sept heures du soir, au moment où le P. Prieur et le P. Dury quittaient l'église où ils avaient passé la journée à entendre les confessions.

Dès que le P. Prieur eut lu la lettre, il dit au P. Dury: — Voilà... il faut que je parte immédiatement... le mercredi-saint, ce n'est pas très gai... mais voilà... il faudra que vous fassiez toutes les cérémonies demain, et que vous vous chargiez de prêcher la Passion. Je suis bien fâché de vous donner ce travail... mais voilà... il paraît que le P. B.... est très malade à Tennour, et... comme il s'agit d'une course de quarante milles, je ne pourrai pas revenir tout de suite...

En entendant ce petit discours, le P. Dury se mit à rire de l'embarras du bon P. Prieur. — Allons donc, dit-il, vous croyez que je consente à vous laisser voyager toute la nuit après une telle journée ? Tenez-vous bien tranquille ; vous en serez quitte pour un surcroît de fatigue, mais du moins vous resterez chez vous. D'ailleurs, je ne suis pas capable de vous remplacer pour le grand sermon du soir.

Puis, faisant atteler la voiture à bœufs, il partit immédiatement, et voyageant toute la nuit, il arriva à Tennour le lendemain, jeudi-saint, à neuf heures du matin.

Quelle joie quand je vis auprès de mon lit cet excellent ami, si gai, si aimable, si dévoué ! Ce moment est un de ceux qu'il est impossible d'oublier. Il me sembla que la vie revenait ; j'oubliai la fièvre et les souffrances de la nuit, et les chrétiens étaient tout étonnés de me voir si bien et si joyeux.

Le P. Dury avait apporté de la quinine ; il m'en administra une bonne dose, et, au bout de quelques heures, je pus me lever et faire quelques pas. Cependant mes poumons étaient comme desséchés ; ma voix tremblotait comme celle d'un vieillard poussif, et ma respiration était haletante comme après une course forcée. Le Père me voyant dans cet état, me conseilla de repartir pour Pondichéry. Je voulais attendre encore et écrire d'abord à Mgr Laoüenan. Mais le P. Dury monta sur ses grands chevaux, et, sur le ton d'un général commandant la retraite, il m'*ordonna* de me mettre en route. Mes charrettes furent donc rechargées, et, le soir même, je m'éloignai de mon Tennour, après un séjour de cinquante heures ! Trois jours après j'arrivai à Pondichéry

Honteux comme un renard qu'une poule aurait pris

et pantelant comme un cheval de course surmené... et surfait.

En 1874, le P. Dury n'avait que quatre ans de mission. Né à Poitiers en 1846, il arriva à Pondichéry en 1870. Après avoir été quelque temps au petit séminaire, il fut envoyé en mission. Il est aujourd'hui Supérieur du petit séminaire. Le P. Dury ressemble à un sergent-major. Elevé dans un lycée, il a conservé cette roideur que l'Université donne à ses nourrissons. Quand il marche, l'on croit entendre le tic tac d'un mouvement d'horlogerie, et l'on est tenté de marquer de la tête les oscillations mathématiques de ses jambes d'acier. Il a l'air de placer les pieds sur des lignes tracées d'avance et de n'avancer qu'en suivant les crans d'une crémaillère. A première vue, le P. Dury paraît sec et froid : il a l'air d'un huissier ou d'un inspecteur en tournée. Et pourtant quel cœur dévoué se cache sous ces dehors ! Toujours prêt à rendre service, rien ne l'effraye, rien ne l'arrête, rien ne le décourage. Auprès d'un malade, il est médecin, sœur de charité, domestique et ami tout à la fois. Personne ne sait comme lui relever le moral affecté, vanter un remède difficile à prendre, *prouver* que ce remède a réussi et donner ainsi le courage, qui est la moitié de la santé.

Mgr Laouenan me voyant trop faible pour retourner à Tetinour, y envoya un jeune missionnaire qui venait d'arriver de France, et je fus moi-même nommé à Karikal.

Karikal est une petite ville française, à un mille et demi de la mer. J'y trouvai le P. Giraud, curé de la paroisse ; le P. Tarbès, vicaire, le P. Barbé, supérieur du collège, et le P. Joiret, professeur. Quant à moi, j'étais chargé de l'inspection des écoles du gouvernement, mais j'avais, en outre, à prêcher à la paroisse, à diriger le chant et à faire une classe de Tamoul au collège.

Le Principal est un des plus beaux types de missionnaires que j'aie connus. Né à Tarbes en 1819, il est en mission depuis 1849. C'est un homme d'une force herculéenne, sans barbe, doué d'une voix éclatante comme une trompette et d'une énergie sans égale. Quand les choses ne marchent pas à son gré, sa manière de dire : Gaillard ! en relevant les manches de sa soutane, fait toujours craindre une catastrophe. Mais dès que l'excellent homme s'aperçoit de l'effet de sa terrible démonstration, il se met à rire comme une chaudière chauffée à blanc, et sa colère fait long feu.

Le P. Giraud, de Lyon, est dans l'Inde depuis 1856. Il est calme comme un baril d'huile d'olive clarifiée. C'est l'homme du devoir et du dévouement : toujours à son poste, appartenant à tous à toute heure du jour et de la nuit, rien ne peut l'ébranler, ni le rebuter, ni le décourager. Il est probable qu'il éprouve des émotions comme tout le monde, mais je ne m'en suis jamais aperçu. Le P. Barbé est la dynamite qui enlève la montagne ; le P. Giraud, la pioche timide qui trace le sentier pour la contourner. Le premier éclate, et c'est fait ; le second se courbe, et cela se fera. Le *Gaillard !* du P. Barbé est le soleil qui fond la glace ; le calme du P. Giraud est comme la lune qui soulève les marées. J'aime mieux le soleil, mais la lune a aussi ses charmes, s'il faut en croire les gens du Nord qui n'ont vu le soleil qu'à travers leur parapluie.

Quoique je n'aie pas connu le prédécesseur du P. Giraud pendant qu'il était curé de Karikal, comme il est aujourd'hui Provicaire, je ne puis me dispenser de le *croquer* en passant.

Le P. Diogène Ligeon, né à Moutiers en 1819, est en mission depuis 1846. Il aurait pu écrire ses « Vingt ans dans l'Inde » l'année de mon arrivée à Pondichéry ! Ce n'est donc plus un jeune homme. D'ailleurs ceux qui l'ont connu il y a trente ans s'accordent à dire qu'il a toujours été... *Diogène*, c'est-à-dire philosophe, ce qui suppose évidemment « un certain âge. »

C'était autrefois un apôtre intrépide, frappant le diable d'estoc et de taille, le poursuivant par monts et par vaux, s'exténuant lui-même pour désarmer l'ennemi des âmes et ne se reposant que dans sa charrette en passant d'un village à un autre. Convaincu que le démon est gourmand, le P. Ligeon s'est condamné à une abstinence complète d'aliments gras : c'est un brahme parfait, sauf l'embonpoint et la morgue. Mgr Laouënan voyant que ce vénérable exorciste réussissait si bien *contre* le démon, le nomma Provicaire, convaincu qu'il réussirait aussi *avec* les missionnaires. Les extrêmes se touchent, et le vieil ennemi de Satan se trouva rajeuni au milieu de la jeunesse apostolique.

Le P. Ligeon est Savoyard, de pays et de métier — il a tant ramoné les âmes ! Il pourrait se dire *Savoisien*, comme les Piémontais se disent Italiens et les porteurs d'eau Auvergnats ; mais il préfère le vieux nom de sa vieille patrie, et la marmotte nationale lui paraît plus respectable que la famille couronnée de Victor-Emmanuel. Mais ce n'est pas comme Savoyard que le P. Ligeon a étéélevé à la dignité de Provicaire,quoique cela n'y ait sans doute pas nui,les Savoyards étant habitués à voir les choses de haut. C'est surtout comme homme positif que ce grave vieillard est précieux. Il a vu tant de diableries parmi les hommes, qu'il ne croit plus depuis longtemps à la poésie humaine. Connaissant le prix des choses, il estime les âmes infiniment et tout le reste rien du tout. Quand il s'agit de sauver une âme, il est prêt à tout, dût-il sauver le corps en même temps. Il quête avec un aplomb et un sang-froid devant lesquels les meilleurs coffres-forts s'ouvrent d'eux-mêmes. S'ils ne s'ouvrent pas, il se campe là et attend. Il n'est pas causeur, mais il est patient ; quand il a dit : il me faut tant, inutile de marchander, le plus simple est de payer rubis sur l'ongle : on paye. Mais cet homme si habile à faire venir l'eau au moulin ne se laisse pas facilement... tirer les vers du nez. A la moindre question tant soit peu indiscrète, il se boutonne jusqu'au menton, et il serait plus simple de chercher une aiguille dans une botte de foin que d'essayer de lui faire dire ce qu'il veut tenir secret. Avec son joli sourire et son indéfinissable *oh oh oh!* il vous repousse tout doucement, et il est facile de deviner que ces trois innocentes interjections veulent dire en bon français : va-t'en voir là-bas si j'y suis!

Le presbytère de Karikal n'était pas grand, mais il y avait deux chambres formant étage, ce qui, dans l'Inde, est un avantage considérable. J'occupais une chambre planchéiée, immédiatement au-dessus de celle du P. Giraud.

Or, un beau jour, un ami de Pondichéry m'envoya un tout petit chien. Je l'appelai *Toko*. Il était roux et brillant comme un vieux sou démonétisé; son poil était roide comme une brosse, et ses oreilles longues et droites, comme pour ne rien perdre des bruits du monde. A la moindre alerte, en effet, il se mettait à aboyer et à hurler comme si l'on eût entamé ses grands tuyaux acoustiques avec un couteau non aiguisé. La nuit, je le mettais dans un vieux bonnet. La bonne petite bête s'y trouvait bien, mais il lui arrivait de se gratter, et cela faisait un bruit peu harmonieux sur le plancher. Je mettais alors le bonnet et le chien sur une chaise : c'était plus drôle encore, car la chaise avait quatre pieds, ce qui faisait huit avec ceux de *Moko*. Celui-ci semblait tout fier de faire tant de bruit. *Tic tac, tic tac* ! et le plancher répondait gravement : *touc pouc, touc pouc*. Quand la chaise était mal équilibrée c'était : *pada cata ra, pada cata ra !* Puis l'exécutant finissait par tomber et se mettait à trottiner à la recherche d'une position sociale. On eût dit un Auvergnat jouant un morceau à quatre.... pieds. Le curé criait : ohé là-haut ! je disais : ici, *Moko* ! et la paix rentrait au logis. Le jour, on riait de ces petites scènes de famille, mais la nuit c'était moins gai, et je me disais parfois : il est heureux que le P. Barbé loge de l'autre côté de la rue !

Je ne restai qu'un an et demi à Karikal. Au mois de septembre 1875, je reçus l'ordre de me rendre à Vellore. Ce changement me fut très pénible, car j'étais attaché aux enfants des écoles, et ma santé étant fort mauvaise, je me croyais incapable de faire autre chose. Je partis donc le cœur gros et plein de crainte pour l'avenir. J'étais loin de me douter des joies et des consolations qui m'attendaient dans mon nouveau poste. De tous ceux que j'ai occupés, Vellore est bien certainement celui où j'ai été le plus heureux.

XIII

VELLORE. — LE P. MONCOURRIER. — LE P. BALCOU. — LE PROTESTANTISME. — SOLDATS INDIGÈNES. — UN COLONEL QUI RESPECTE LA FOI DE SES SOLDATS. — HORRIBLE PAROLE D'UN OFFICIER FRANÇAIS. — FAMILLES DE SOLDATS. — OUVRIERS ET DOMESTIQUES.

Vellore est une ville de trente à quarante mille habitants. Elle est au pied de montagnes arides, ce qui en fait un des endroits les plus chauds de la Présidence de Madras. J'ai vu le thermomètre à 44° centigrades. Sur une petite montagne, à l'est de la ville, on voit encore des restes de fortifications datant du temps des Rajahs. Au centre même de la ville il y a un fort magnifique, et dans le fort une pagode dont on admire les sculptures taillées dans le granit. La porte de cette pagode est surmontée d'une immense pyramide ouvragée, qui est comme un musée des trois cents trente millions de diables qu'adorent les Indiens.

Vellore a deux églises catholiques à un peu plus d'un mille de distance l'une de l'autre. Je fus chargé de celle qui se trouve dans le cantonnement des troupes indigènes. L'autre, placée au pied de la montagne que dominent les vieilles fortifications dont j'ai parlé, était desservie par le vénérable P. Moncourrier, qui se trouvait à Vellore depuis plus de trente ans. Depuis quelques années, il avait quitté la grande église, bâtie par lui ainsi que le couvent, et s'était retiré à l'ancienne. C'était un homme très robuste et d'une affabilité admirable. Il était connu de tout le monde sous le nom de Père Antony. Quand il traversait la ville, appuyé sur son grand bâton, il ne cessait de parler, tantôt à un chrétien, tantôt à un païen ou à un musulman. Chacun le saluait comme s'il eût été le grand-père de tous. Il parlait avec une rondeur réjouissante : les paroles sortaient saccadées de sa bouche en faisant tac tac tac. A celui-ci un mot tamoul, à celui-là un mot anglais, à tous un bon sourire.

Quelques mois après mon arrivée, le bon P. Moncourrier s'éteignit doucement entre les bras d'un jeune missionnaire qui était venu l'aider pendant la semaine-sainte. Le jour de Pâques, à quatre heures du matin, le vieil apôtre demanda les derniers sacrements, et un instant après les avoir reçus, il rendit le dernier soupir sans agonie.

Trois mois après la mort du P. Moncourrier, le jeune missionnaire qui l'avait assisté fut remplacé par le P. Balcou. C'était un Breton, fort et calme comme une falaise. Une tête de commandant de spahis ; barbe magnifique, mais le crâne chauve comme une glace de Venise. Il était tout rond, la tête à peine séparée des épaules : une petite boule sur une grosse ; le tout taillé dans le granit. Pendant plusieurs années, le P. Balcou avait été aumônier d'un régiment anglais, et le flegme britannique joint au sang-froid breton lui avait donné cet aplomb imperturbable qui est le *nec plus ultra* de la majesté anglo-saxonne. Depuis lors il était entré dans le commun des confesseurs, comme disaient les jeunes missionnaires, ou des martyrs, comme il disait lui-même. Seulement, c'était un martyr dont le foie n'avait pas l'air de vouloir s'atrophier; au milieu des plaintes, du tapage, des murmures, il était toujours le même, doux, bon, calme, mais inflexible comme un rocher battu par les flots.

Qu'ils sont heureux ces hommes que rien ne peut *démonter!* Les gens du midi sont portés à ne voir que le côté des épingles sur la pelotte de la vie : ceux du nord regardent le côté rembourré, et ils trouvent que c'est doux. Les premiers ont les nerfs comme des chanterelles de guitare, les seconds comme des manches de contre-basse. Quand le P. Balcou, malgré ses trente ans de Mission, arrivait chez moi par une température à roussir la peau des buffles, *Moko* même avait l'air émerveillé, et tandis que je saluais l'homme de cœur, il admirait, lui, l'homme de bronze. C'est que mon petit compagnon de Karikal avait pris de l'embonpoint depuis l'époque où il dormait dans ma calotte. Sa peau était tendue comme les douves d'une futaille; sa petite tête sortait de son corps luisant et dodu comme celle d'une tortue de la carapace; ses pattes avaient l'air de quatre baguettes enfoncées dans une outre de graisse. Il passait ses journées couché en rond dans le coin le plus frais de la maison, et quand quelqu'un arrivait, ses oreilles seules et sa queue témoignaient qu'il savait à quoi s'en tenir et qu'il veillait sur le bien de son maître.

Vellore possède quatre ministres protestants. Il y a d'abord le ministre anglican, qui ne s'occupe guère que de toucher son humble viatique de 800 roupies par mois : c'est tantôt un homme grave qui n'admet dans son temple que les quatre murs et une table ; tantôt un ritualiste enthousiaste qui s'entoure de chandeliers, de crucifix, d'encensoirs, d'ornements de tous genres, et qui fait semblant de dire la messe et d'entendre les confessions. Ensuite, un pauvre petit luthérien, danois et nigaud de naissance, qui court les rues avec son parasol sous le bras et fait des discours pour amuser les gamins et gagner son pain et les robes de son épouse. Puis, l'Ecossais qui dirige un grand collège, sans essayer de faire des prosélytes : il se contente de faire des bacheliers et des économies. Enfin, il y a le ministre Américain, qui croit à l'Amérique et prêche je ne sais quoi. Ce dernier est celui qui compte le plus d'adhérents, sans doute parce qu'il n'a pas de *credo* bien déterminé. Il a une splendide calèche à deux chevaux, dans laquelle il promène sa majesté et sa chère famille. De temps en temps il va faire une tournée dans les environs, suivi d'une troupe de catéchistes et de domestiques. Il parvient à acheter quelques âmes, mais il se plaint que le P. Darras, sans calèche et sans famille cependant, lui fait énormément de *mal !*

Si l'on excepte les protestants-nés, parmi lesquels on trouve des âmes très pieuses et très pures, j'affirme que l'Indien *converti* au protestantisme est doublement païen, car, au lieu d'adorer mille dieux, il s'adore lui-même deux mille fois. Le catholique aime Dieu comme son père; le protestant n'aime que sa petite personne. Le premier se prosterne aux pieds de son Créateur; le second se carre dans son fauteuil et lui permet de venir à lui... le dimanche.

Rien de drôle et de triste à voir en même temps comme un païen nouvellement *réformé*. Une grande Bible sous le bras, il va mâchant quelques textes appris par cœur, se pavanant sottement au milieu de ses frères étonnés; les paroles sortent de sa bouche comme le jus d'un fruit vert confit dans le vinaigre. Parce qu'il se sent du venin dans le cœur, il se croit tout de suite serpent ; il parle comme aurait pu parler celui de l'Eden, s'il n'eût été que bête. Je n'ai jamais rencontré un Indien protestant qui fût humble, même modérément. C'est l'orgueil, rien que l'orgueil, l'orgueil bouffi, ballonné, engraissé, toujours prêt à faire *pouf !*

Y a-t-il des protestants bons et honnêtes? Assurément : ce sont ceux qui sont protestants sans le savoir et qui sont prêts à ne l'être plus dès qu'ils s'apercevront qu'ils le sont. Ceci a l'air d'un paradoxe, mais ce n'est que la simple vérité. Je connais plusieurs protestants, Européens et Créoles, qui ne *protestent* nullement contre l'Eglise catholique, qu'ils estiment, au contraire, souvent plus même que la secte à laquelle ils appartiennent. Ceux-là sont malheureux sans doute, puisqu'ils sont privés des lumières et des grâces qui ne se trouvent que dans la vraie Eglise, mais ils aiment Dieu véritablement, et le jour où ils voient la vérité, ils l'embrassent sans hésiter. Quant aux rares catholiques qui apostasient, ils sont tous et toujours mauvais et gâtés avant de se vendre. Je ne connais pas *un seul* cas de catholique ayant passé au protestantisme pour devenir meilleur, tandis que tous ceux que j'ai vu devenir protestants, tous sans exception, étaient des gens souvent corrompus, toujours orgueilleux et cupides.

Les ministres protestants font-ils des *chrétiens* dans l'Inde? Non. Ils baptisent des païens, ils élèvent des enfants à grands frais, ils établissent des écoles et des collèges, mais ils ne parviendront jamais à établir la religion de Jésus-Christ, c'est-à-dire la religion de l'amour. Des hommes qui essaient de faire de l'Ecriture sainte un pamphlet contre la Mère de Celui qu'elle annonce ; qui n'aiment de la Bible que les textes qu'ils peuvent dénaturer pour s'en servir contre l'Eglise ; qui ne peuvent ouvrir la bouche sans insulter le Roc sur lequel Jésus a bâti *Son* Eglise ; qui dépensent des millions et traversent les mers pour prêcher le mépris et la haine des vrais enfants de Dieu : ces hommes peuvent acheter des âmes, parce qu'ils ont l'argent et l'or ; mais les sauver, jamais, parce qu'ils n'ont ni la foi ni la charité.

Le plus vilain trait du caractère protestant est, à mon avis, la passion de pervertir les catholiques. Des ministres passent leur vie à instruire des païens sans jamais dire un mot de Dieu et de la religion chrétienne. Mais qu'un enfant catholique ait le malheur de s'approcher d'eux : aussitôt leur zèle se réveille ; ils caressent, ils flattent, ils marchandent cette âme. Et si cette âme consent à se vendre, si un malheureux père se décide à la troquer contre un morceau de pain, un habit ou un emploi, ah ! voilà le succès, voilà le triomphe. A cette nouvelle, les millions abondent dans le coffre réformé ; les marchands dont les pères furent apostats sont fiers de pouvoir inscrire une apostasie dans leur grand livre, et, en voyant le mal qu'ils ont fait, les ministres se disent : Enfin !

Ma paroisse se compose de soldats indigènes et de leurs familles, de femmes et d'enfants de régiments en service hors de l'Inde, de militaires retraités et de travailleurs ou *coulis*, ainsi que de domestiques d'Européens. Les militaires et musiciens, ainsi que les soldats en retraite, sont tous d'excellents catholiques. Habitués à la discipline, ils trouvent tout naturel d'obéir aux lois de l'Eglise. Le dimanche ils viennent à la messe en grand uniforme, conduits par leur officier. Chaque fois que je les vois arriver ainsi, je pense à la France, où les soldats sont traités comme des bêtes de somme sans âme et sans Dieu. Quelle douleur de penser que si ces hommes avaient pour chefs des officiers français et catholiques, ils ne pourraient venir à l'église qu'en se cachant, quand ils n'auraient pas un service juste à l'heure de la messe! Avec les Anglais, rien de semblable : Dieu conserve tous ses droits et l'âme de tous est respectée par les chefs. A ce propos, je citerai un fait fort remarquable.

Les musiciens d'un régiment, qui étaient tous catholiques, reçurent l'ordre de se rendre à une soirée à laquelle les musulmans avaient invité le colonel et les officiers. Or, ils apprirent que cette cérémonie devait avoir un caractère religieux qui répugnait à leur conscience. Le Tambour-major se rendit aussitôt chez le colonel et lui déclara que lui et ses hommes le priaient de les dispenser de ce service, attendu qu'ils ne pourraient obéir qu'en manquant à leur devoir de catholiques. Le colonel essaya de vaincre la résistance de ce bra' ' omme, mais n'y pouvant réussir, il m'écrivit pour me demander mon avis. Il m'exposait le cas très clairement, et il eut même la générosité de remettre la lettre au caporal des musiciens qu'il me priait d'interroger. Je répondis que cette cérémonie me paraissait peu en rapport avec la foi de soldats chrétiens, et je priais le colonel de rapporter son ordre du jour relatif à l'assistance des musiciens. Il le fit immédiatement et aucun catholique n'assista à la cérémonie. Voilà, ce me semble, un beau trait de *libéralisme* vraiment chrétien. Quelle différence entre ce colonel si généreux et ce petit lieutenant français qui me disait à moi-même, à Karikal : « Moi, je voudrais voir revenir la Commune pour en finir avec les religieuses ! » Ce malheureux mérite d'être nommé, par respect pour ses confrères que l'on pourrait soupçonner de ces paroles épouvantables : il s'appelait Charrier.

Les familles de militaires forment la partie la plus pieuse de ma paroisse. Les femmes dont les maris sont en Birmanie ou ailleurs, sont placées dans un quartier séparé, sous la surveillance d'un officier. Elles reçoivent une partie de la solde due à leurs maris, et leurs enfants ont, en outre, une petite pension et l'éducation gratuite. Toutes ces femmes sont d'excellentes chrétiennes et fréquentent les sacrements avec une grande régularité.

Les autres chrétiens, ouvriers et domestiques d'Européens, sont moins bons. Les domestiques surtout ont généralement les mains crochues, et quoique parfaitement *civils*, ils ne se gênent guère de « vivre à la hussarde. » Les *coulis*, c'est-à-dire ceux qui vivent au jour le jour, travaillant la terre, aidant les maçons comme manœuvres, allant recueillir du bois dans la montagne pour le vendre en ville, etc., sont grossiers et ignorants, et leur extrême pauvreté ne leur permet guère de fréquenter l'église. Plusieurs n'y viennent que pour Pâques et les grandes fêtes. Ces pauvres gens ne possèdent rien absolument ; ils ne vivent que de ce qu'ils peuvent gagner chaque jour. Le mari peut, en travaillant toute la journée, revenir à sa misérable cabane avec deux *anas*, soit environ vingt-cinq centimes ; la femme ne reçoit que quinze ou vingt centimes. Et avec cela il faut souvent nourir deux ou trois vieillards et plusieurs enfants. Ceux-ci vont ramasser des bouses de vaches qui, pétries en *gâteaux* et desséchées, font un excellent combustible pour les besoins du ménage. Quand la maladie arrive ou que le chef de la famille vient à mourir, quelle affreuse misère, quelles terribles souffrances! Et cependant l'on n'entend pas de plaintes parmi ces malheureux mourant de de faim. La fameuse question sociale ne trouble pas le Gouvernement de l'Inde. Ce peuple est d'une patience étonnante ; quand il peut « remplir son ventre, » il est heureux et il chante sans jamais songer au lendemain. Si le lendemain il faut mourir, il meurt tranquillement et part pour l'autre monde sans regretter celui qu'il quitte.

XIV

ORPHELINATS. — LA FAMINE. — L'ŒUVRE DE LA SAINTE-ENFANCE. — POLOUR-CHETPET. — LE LOUP ET LE BERGER. — LE P. DARRAS. — M. RICHAUD, GOUVERNEUR DE PONDICHÉRY. — MORT DU P. BALCOU. — LE P. BOLARD. — NOTRE-DAME DE LOURDES.

Il y a à Vellore un orphelinat de garçons et un couvent pour les filles. Ce couvent est sous la direction des religieuses indigènes de Saint-Louis de Gonzague, dont la maison-mère est à Pondichéry. Pendant la terrible famine de 1877-78, on amenait de tous côtés des enfants dont les parents étaient morts de faim. Quelquefois, le père seul étant mort, la mère épuisée et sans ressource venait me supplier de me charger de son enfant. Je ne connais pas de spectacle plus navrant que celui d'une mère renonçant à garder un petit être qu'elle ne peut plus nourrir. Dans ce cas, le prêtre réussit souvent à sauver la mère elle-même. Pendant la famine j'ai eu bien des fois cette consolation. Une pauvre païenne venait m'apporter son enfant à demi mort. Je lui disais : — « Reste ici, ton enfant vivra, et tu seras soignée toi-même. » — « Mais je ne veux pas être chrétienne, moi. » — « Soit, pour le moment il n'est pas question de cela ; mais que deviendra cet enfant si tu l'abandonnes ? Sans doute on le soignera, mais personne ne pourra le faire comme toi. Reste ici et tu verras comme tu seras heureuse. » Quand la pauvre femme consentait à cet arrangement, elle devenait chrétienne infailliblement. Je ne pense pas qu'une seule ait quitté l'orphelinat après avoir vu les bonnes sœurs à l'œuvre. C'est que la charité pratique, le dévouement caché, la vertu sans ostentation sont absolument inconnus des païens. Tel qui dépense des sommes énormes pour nourrir les pauvres de toute une ville, à tel jour, à telle heure, en présence de ses amis et connaissances, refusera une poignée de riz à un malheureux mourant de faim, si personne n'est là pour admirer sa générosité.

Grâce aux secours que j'obtins du comité formé à Madras pour venir en aide aux pauvres Indiens affamés, je pus construire un grand hangar pour y abriter les petits garçons. Les enfants arrivaient dans un état affreux ; quelques-uns n'avaient littéralement plus que la peau et les os ; tous étaient malades et souvent il fallait, pendant deux ou trois jours, ne leur donner que de l'eau de riz, leur estomac délabré ne pouvant supporter rien de solide.

Le comité de Madras me vint en aide aussi longtemps que dura la famine ; mais quand les fonds furent épuisés, je me trouvais entouré de plus de cent enfants qui n'avaient que moi pour seul appui. Moi ? hélas ! je les aimais, mais il fallait aussi les nourrir, les élever, les garder pendant plusieurs années... La Sainte-Enfance les prit alors sous sa protection ; elle les adopta comme ses enfants, et mes pauvres orphelins entrèrent dans la grande famille catholique.

Quelle chose admirable que la charité ! Quand je vois ces petits garçons et ces petites filles recueillis et nourris par les aumônes d'autres enfants qui les aiment sans les connaître, mon cœur éprouve une émotion toujours nouvelle et je bénis la Providence si bonne, si généreuse, si tendre pour ces petits êtres. Là-bas, bien loin, dans notre belle France, dans les grandes villes comme dans les plus pauvres hameaux, de petites mains blanches se tendent avec amour vers les orphelins du monde entier. Dès qu'ils connaissent Dieu, ces enfants aiment leurs frères et leurs sœurs abandonnés ; de leurs humbles petits sous ils rachètent des âmes ; ils sont apôtres avant de pouvoir parler, bienfaiteurs des malheureux sur les genoux de leur mère,anges gardiens en quittant leur berceau.

Dernièrement nous eûmes une fête touchante. Un orphelin épousait une orpheline. Ils avaient été reçus encore tout petits, et ils allaient quitter pour toujours la Maison du bon Dieu, qui pour eux avait été vraiment la maison paternelle. Que de petits sous avaient été donnés par les enfants de la France et du monde catholique pour nourrir pendant tant d'années ces enfants de l'Inde ! Que de généreux sacrifices avaient préparé ce jour de fête ! Oh ! si les petits bienfaiteurs de ces enfants pouvaient contempler leur œuvre, s'ils pouvaient lire sur ces visages la joie, la paix, le reflet de la grâce divine ! Ces orphelins seraient aujourd'hui esclaves de l'enfer ; prosternés devant d'infâmes idoles, ils adoreraient l'ennemi de Dieu et des hommes. Mais de jeunes cœurs ont eu pitié d'eux ; ils les ont rachetés, nourris, élevés sans même savoir leurs noms, et aujourd'hui ils sont bénis, et leurs anges recueillent pour eux cette bénédiction. Dieu leur doit ces deux âmes : ce sont eux qui les ont placées sous la croix pour y recevoir le sang de l'Agneau divin. Ces deux âmes aiment Dieu, et ce sont des enfants qui ont allumé cet amour ; elles sont heureuses, et des enfants ont fait ce bonheur; elles montent vers le ciel, et leurs ailes s'appellent la Sainte-Enfance.

O mon Dieu, les hommes admirent les mille couleurs dont votre main puissante a peint la fleur des champs et l'oiseau de l'air ; ils s'extasient devant un beau paysage et chantent l'immensité des mers et la profondeur des cieux. Oui, tout cela est beau et digne de vous, ô mon Dieu ! mais que sont les fleurs diaprées auprès d'un cœur pur ? qu'est-ce qu'un oiseau au brillant plumage auprès d'une âme qui s'élève vers vous ? quel plus beau paysage que celui des petites plantes arrosées par les sueurs de la charité et destinées à orner le ciel même ? Comment mesurer la profondeur et dire l'immensité du dévouement chrétien ? L'Océan soulevé par la tempête vaut-il cette larme d'attendrissement versée par un enfant sur la misère d'un enfant abandonné ? Y a-t-il un abîme aussi profond que celui de la charité ? Voilà votre chef-d'œuvre, ô mon Dieu ; voilà la fleur merveilleuse dont le parfum embaume le monde ; voilà l'océan sans rivage dont les flots s'étendent de la terre au ciel !

Je n'ai parlé que de la Sainte-Enfance, parce que, pendant la famine, j'étais plus particulièrement chargé des enfants, tandis que le P. Balcou s'occupait surtout des grandes personnes. De cinq à six cents païens passaient la journée dans la cour de son église, apprenant les prières et recevant chaque jour une aumône proportionnée au nombre de personnes composant chaque famille. Plus de mille furent ainsi baptisés. Beaucoup moururent d'épuisement, et dans ce cas leurs enfants étaient, autant que possible, placés dans des familles chrétiennes. D'autres retournèrent dans leur village quand les temps devinrent meilleurs. Un certain nombre, hélas ! oublia les bienfaits reçus, et le démon reprit les âmes de ces malheureux nourris si longtemps par la charité chrétienne. Tous les missionnaires eurent à déplorer des défections plus ou moins nombreuses. Je parlerai seulement du grand District de Polour-Chetpet, limitrophe de Vellore.

La misère étant très grande dans ce district, des sommes considérables furent mises à la disposition des comités chargés de distribuer les aumônes recueillies en Angleterre. Plusieurs missionnaires, membres de ces comités, parcoururent le pays en tous sens, donnant du riz, des habits et même des bœufs aux cultivateurs. Naturellement les fonds alloués par le comité central étaient distribués à tous indistinctement. Mais comme les missionnaires pouvaient en outre disposer des sommes reçues de France pour les chrétiens et les païens qui demandaient le baptême, le nombre de ces derniers fut énorme et des villages entiers demandèrent à apprendre les prières. Sans doute les motifs de ces pauvres gens n'étaient guère surnaturels: la faim les pressait et ils s'adressaient à ceux qu'ils voyaient disposés à venir à leur secours. Mais, outre que dans un tel moment les besoins du corps s'imposent avec une violence irrésistible, le baptême n'était accordé qu'après une épreuve assez longue. Plusieurs prêtres furent envoyés de Pondichéry pour instruire les Catéchumènes, et des centaines d'âmes furent sauvées parmi les malheureux qui venaient seulement demander du riz et qui mouraient d'épuisement, après avoir reçu le baptême.

Aujourd'hui le District de Polour-Chetpet compte près de vingt-mille catholiques; mais quel travail pour former cette jeune chrétienté!

Après la famine, les fonds manquèrent subitement aux missionnaires, tandis que les protestants se trouvèrent aussi riches... — au moins — que jamais. Or, les nouveaux chrétiens avaient contracté des dettes; il leur fallait remonter leur petit ménage, acheter du grain pour ensemencer leurs terres, etc., etc. Le pauvre P. Darras se vit accablé de demandes de secours. Les Indiens, accoutumés pendant deux ans à vivre des aumônes des blancs, devinrent exigeants et se mirent à murmurer. Plusieurs menacèrent de retourner au paganisme ; quelques-uns le firent. Alors le Loup se glissa dans la Bergerie.

C'est un loup bien peigné. Figure blême, barbe chocolat Menier, faquine d'alpaga s'arrêtant où finit le dos, pantalons à la hussarde, des yeux doux comme des berlingots, lunettes d'or rivées au nez, chapeau mou vissé au crâne. C'est paisible, c'est caressant, on le prendrait pour un mouton, pour un agneau, pour un ange habillé aux magasins de la Belle-Jardinière... Point ! C'est un loup, un gros loup, un loup méchant, affamé, horrible.

Le loup se mit à rôder, semant l'or et la révolte. Il marchanda les âmes, et il en trouva à acheter. Il les acheta pour les dévorer. C'est pour les manger que l'on engraisse les agneaux. Il essaya d'engraisser sa proie, mais le berger veillait sur son troupeau ; il accourut, le loup fut terrassé et les agneaux rentrèrent au bercail.

Le P. Darras est né à Cambrai, et il est dans l'Inde depuis 1859. Quand j'arrivai à Pondichéry, en 1866, il était vicaire de la cathédrale. Le curé était le P. Leodhet, un séminariste à barbe blanche, ne voyant dans le monde que des âmes à sauver, dans la vie qu'une journée de travail, dans lui-même qu'un misérable à crucifier. A cette école, le P. Darras devint ce qu'il est aujourd'hui, ce qu'il a toujours été depuis que je le connais : un apôtre infatigable, un ange de piété, un « curé d'Ars » voyageur. Pour porter son grand cœur, Dieu lui a donné un corps de bronze. Il ne connaît ni la fatigue, ni la maladie, ni le découragement. Dès qu'une âme est en danger, il part. La nuit, il se moque du sommeil; le jour, il rit de la chaleur. Rien ne l'arrête, rien ne l'effraye, rien ne l'étonne. Pendant que le loup fait vingt milles dans sa calèche, le berger parcourt son immense district sur son pauvre bidet. Un jour, au mois de juin, il arriva à Vellore, à cinq heures du soir. Il était parti le matin, au point du jour, et avait fait au moins quarante milles à cheval, la tête couverte d'un *bonnet carré.* Nous lui demandâmes :

— Voulez-vous prendre quelque chose, P. Darras ?

— Volontiers.

— Quand avez-vous mangé ?

— Ce matin, en partant.

— Et quoi donc ?

— Oh, une crêpe qu'un chrétien m'a donnée.

Il prit une banane, but un verre d'eau, alluma un cigare, et aussitôt il s'occupa de l'affaire pour laquelle il était venu. Le lendemain il resta chez nous, « à cause de son cheval, » dit-il. Le surlendemain il retourna chez lui, frais comme une rose... brune !

Voilà l'homme que le bon Dieu a opposé au loup ravisseur. Le loup donne son or — l'or des autres; l'homme donne sa vie — la sienne. L'homme et le loup ne se rencontrent guère, mais l'homme voit l'œuvre du loup et il la démolit; puis le loup voit l'œuvre de l'homme, et il hurle de rage. Et les apostats reviennent à leur père, et les païens sont ébranlés, et les vieux protestants eux-mêmes devinent le loup sous la faquine d'alpaga, et Polour redevient catholique, et dans peu d'années, ce district que l'on croyait perdu sera la joie du bon Pasteur et la couronne du vaillant berger, vainqueur du grand loup affamé « qui cherchait aventure. »

Au mois de septembre 1881, j'appris qu'un nouveau gouverneur était attendu à Pondichéry. Le journal qui annonçait cette nouvelle le dépeignait comme étant d'une taille colossale, ajoutant « M. Richaud serait un descendant de Charlemagne, que nous n'en serions nullement étonné. » Il disait aussi que le nouveau gouverneur était né à Martigues (Bouches-du-Rhône). Or, j'avais eu pour condisciple et ami un jeune homme nommé Richaud, né à Martigues et d'une taille gigantesque. Je ne l'avais pas revu depuis mon entrée au Grand Séminaire, en 1858. Quelques jours seulement après avoir lu l'article dont je viens de parler, le souvenir de mon ancien géant me revint tout à coup à l'esprit. — Tiens ! Richaud... Martigues... Charlemagne ! si c'était lui ! Je me disais : c'est impossible; mais un « pourquoi pas ? » me poursuivait sans cesse, et la coïncidence du nom, du lieu de naissance et de la taille me frappait tellement que je résolus d'éclaircir ce mystère. Un missionnaire de Bangalore partait pour la Chine et devait rencontrer le nouveau gouverneur à Colombo. Je le priai de lui demander s'il me connaissait, et de m'envoyer un télégramme si la réponse était affirmative. Quelques jours après je reçus une dépêche disant : « C'est-lui ; il se souvient de vous. » Je partis aussitôt pour Pondichéry. M. Richaud était arrivé depuis trois jours. Je me présentai à l'hôtel du Gouvernement, je remis ma carte à l'officier de service et j'attendis, le cœur fort ému. Revoir un ami de collège après vingt-quatre ans de séparation et dans des conditions si extraordinaires : je ne pouvais croire que cela fût vrai ; il me semblait que je m'étais trop hâté ; ce palais était-il réellement la résidence de *mon* Richaud ? Ce lieutenant de vaisseau pouvait-il être l'aide-de-camp de mon ancien condisciple ?—Tout à coup la porte du cabinet de « Monsieur le Gouverneur » s'ouvrit, l'officier me pria de le suivre, et je me trouvai en présence de *mon* illustre géant !...

Son cœur est à la hauteur de sa taille. Il me reçut avec une cordialité parfaite. Il ignorait que je fusse missionnaire, et je lui racontai mon histoire depuis que nous nous étions séparés. Je fus invité à déjeuner « à la bonne franquette, » et pendant les quelques jours que je passai à Pondichéry, je pus me croire rajeuni d'un quart de siècle auprès de mon excellent camarade devenu chef des établissements français de l'Inde.

L'année dernière, je revis M. Richaud, à l'occasion de la retraite ecclésiastique qui eut lieu à Pondichéry. Je fus heureux d'apprendre que son administration avait rétabli la paix dans cette ville bouleversée par les tracasseries de M. D..., son prédécesseur. Tous, sans exception, parlaient de lui avec les plus grands éloges, et l'on s'accordait à dire que depuis bien longtemps Pondichéry n'avait pas eu de gouverneur si habile, si juste et si dévoué aux intérêts de la colonie et de la France.

J'ai fini ma pauvre petite histoire de vingt ans. Mes orphelins et orphelines grandissent ; plusieurs de ces enfants sont déjà mariés, et j'ai bon espoir d'en établir d'autres. Mais à mesure que les grands et les grandes quittent l'orphelinat, d'autres petits et d'autres petites les remplacent, et le grenier au riz se vide tout de même. Heureusement la Sainte-Enfance a la vue perçante et le cœur large. Quand les petits bienfaiteurs blancs quittent les rangs de la *petite* œuvre pour entrer dans la *grande*, eux aussi sont remplacés par d'autres petits blancs qui ouvrent leur cœur et leur bourse. Et ainsi la charité chrétienne se communique des pères aux enfants, et l'amour engendre l'amour, et le royaume de Dieu s'étend, et le jour arrive où tous les hom- seront vraiment frères en Jésus-Christ, parce qu'il n'y aura plus qu'un seul troupeau dont le Rédempteur du monde sera le seul et unique Pasteur.

L'année dernière — 1885 — mon vénérable confrère, le Père Balcou, fut obligé de quitter l'Inde pour aller, après trente-sept ans de mission, se reposer en France. Le vieux Breton espérait n'y rester que quelques mois, mais quelques jours seulement après son arrivée au *Sanatorium* d'Hyères, il y mourut au milieu de plusieurs confrères sans avoir revu sa famille.

La mort de ce bon Père, dont l'amitié et les conseils m'avaient, pendant neuf ans, soutenu au milieu des épreuves de la vie apostolique, fut pour moi une perte des plus douloureuses. Ce généreux vieillard venait me voir chaque jour, faisant pour cela une course que ma faiblesse ne me permettait pas de faire moi-même. Ces visites quotidiennes avaient un charme inexprimable, et depuis que j'en suis privé il me semble que quelque chose s'est brisé dans mon cœur.

Le bon Dieu m'a cependant laissé un ami, en qui semblent réunies la tendresse du P. Brisard et l'énergie du P. Balcou. Mais il est à 40 milles de Vellore, et ce n'est que tous les deux ou trois mois qu'il vient remonter la pauvre horloge de mon cœur. Quelle joie quand je vois arriver mon vénérable Ananie ! que de choses j'ai à lui dire, que de peines à lui conter, que de doutes à lui soumettre !

Le P. Bolard, né à cinq lieues de Besançon, en 1824, est en mission depuis 1852. Son nom de baptême est digne de son âme forte et douce comme l'acier : il s'appelle Clovis, et je le soupçonne d'être originaire de Tolbiac. C'est d'hommes de cette trempe que devait être entouré le premier roi des Francs quand il vainquit les Allemands. La première fois que l'on voit cette figure austère, l'on se demande si c'est du bronze; quand on arrive au cœur, on ne trouve que de l'*aimant*. Mais c'est de l'aimant bien enveloppé et à l'abri de la rouille. Cette nature si bonne est cachée sous une écorce fort raboteuse. L'aspect du P. Bolard rappelle ces lourdes armures des vieux chevaliers, dont la seule vue fait mal aux épaules: les brassards semblent prêts à se lever pour saisir la hache d'armes ou le terrible espadon: les cuissards ont l'air de serrer encore le destrier écumant; sous le heaume au fier panache on croit voir scintiller les yeux ardents du bouillant paladin... Illusion! tout ce fer repose sur une pelote de velours, et cet appareil formidable est suspendu à un crochet d'argent!

Le P. Bolard aime les âmes avec passion. Depuis trente-quatre ans, il rêve de sauver des gens qui ne veulent pas l'être. Il fait des plans, il regarde d'un œil d'envie ces beaux villages où Dieu *serait si bien* et que le diable tient sous sa griffe cruelle. Et ce cœur si aimant se dessèche à aimer en vain, cette âme dévouée s'étiole au milieu d'un peuple sans élan, cette force s'use à essayer de soulever des fardeaux plus lourds que le monde, car ce sont les péchés de tout un peuple. Que de fois j'ai entendu soupirer ce pauvre vieillard à la vue d'une foule païenne! — Ah! si nous pouvions convertir ces pauvres gens! — Un jour, n'y tenant plus, il alla au milieu même du marché d'une petite ville, et il se mit à parler de Dieu. On l'entoura, on l'écouta, mais peu à peu chacun s'éloigna, et le pauvre vieillard resta seul le cœur brisé de désespoir.

Tel est l'homme que Dieu m'a donné pour père et pour ami; que son saint nom soit béni mille et mille fois pour ce don précieux!

Le 8 décembre 1885, il y eut à Vellore une fête dont le souvenir embaumera le reste de ma vie.

Ayant fait construire une chapelle en forme de grotte, j'y plaçai une belle statue de Notre-Dame de Lourdes. Les PP. Bolard, Darras et Verchery étaient venus pour assister à cette cérémonie. Le commandant du 10e régiment d'infanterie, le colonel F. Beeching, avait bien voulu permettre à la musique militaire de prendre part à la fête. Le soir, après un grand sermon prêché par le bon Père Darras, la statue fut bénite par le P. Bolard, puis il y eut une procession splendide dans le voisinage de l'église. Tous les chrétiens avaient chacun un cierge, les petites orphelines portaient des bannières de diverses couleurs. Dans l'Inde, les processions ne sont qu'une affreuse cohue, chacun allant, venant, circulant sans aucun ordre. Aussi les païens et les musulmans étaient-ils ravis de voir cette longue file de chrétiens se dérouler lentement, sans autre bruit que celui des chants et de la musique militaire.

La statue était portée par les chrétiens du village voisin d'Adacambâré, au milieu des torches et des flammes de Bengale. Au bout d'une heure et demie, nous rentrâmes dans le terrain de l'église ; la statue fut placée dans la niche de la grotte, puis les chrétiens vinrent se prosterner à ses pieds, priant à haute voix, chantant des cantiques, offrant des fleurs et des cierges, tandis que la musique militaire jouait ses plus beaux morceaux et qu'un feu d'artifice était tiré au milieu du jardin.

Il y avait là des païens, des musulmans, des protestants : tous étaient pleins de respect ; pas une parole de mépris, pas un signe de désapprobation. Plusieurs païens vinrent même offrir des cierges, et, depuis ce jour, on en voit très souvent aux pieds de la statue, la regardant avec respect et admiration, et parlant à la Bonne Mère avec une simplicité touchante.

Puisse Marie exaucer leurs prières et celles du prêtre que Dieu a mis au milieu d'eux pour leur prêcher l'Evangile du salut ! Puissent ces aveugles voir la lumière, ces sourds entendre la vérité, ces paralytiques se lever et courir à Jésus ! Puissions-nous tous nous fondre dans un seul amour, vivre en frères dans l'exil de la vie, et nous retrouver tous, tous, oh ! tous, mon Dieu, dans la céleste Jérusalem !

FIN

TABLE DES MATIÈRES

Pages.

Marseille. — Imprimerie Marseillaise, rue Sainte, 39.

www.ingramcontent.com/pod-product-compliance
Ingram Content Group UK Ltd.
Pitfield, Milton Keynes, MK11 3LW, UK
UKHW021127220726
13924UKWH00004B/1946

9 782019 715052